Exchange Traded Funds (ETF)

Grundlagen, Funktionsweise und praktischer Einsatz

Inhalt

1.   Vorwort

Sehr geehrte Investorin, sehr geehrter Investor

Die Schweizer Börse SIX Swiss Exchange nimmt eine Vorreiterrolle bei Exchange Traded Funds (kurz ETF) ein: Sie ist einer der ersten Handelsplätze Europas, an denen ETF kotiert wurden. Neben ETF werden auf unserer technologisch führenden Handelsplattform zudem Aktien, Anleihen, Exchange Traded Structured Funds (ETSF) sowie Immobilienanlagefonds gehandelt.

ETF sind börsengehandelte, passiv verwaltete Indexfonds, die seit ihrer Einführung in Europa im Jahr 2000 einen enormen Erfolg verzeichnen. ETF sind substanziell gewachsen im Hinblick auf verwaltete Vermögen, Handelsumsatz an den Börsen, Anzahl Transaktionen sowie Anzahl Segmente.

Gleichzeitig hat die Vielfalt an Investmentmöglichkeiten zugenommen: ETF berücksichtigen eine breite Palette an Anlageklassen, Regionen, Themen, Branchen und Anlagestilen. Heute sind ETF populärer denn je, was man auch an ihrem steigenden Anteil in der weltweiten Vermögensverwaltung und in den Kundenportfolios erkennen kann.

Ein zentraler Vorteil von ETF ist neben der kostengünstigen und transparenten Fondsstruktur vor allem ihre leichte Handelbarkeit. Die von den Market Makers zur Verfügung gestellte hohe Liquidität, die Möglichkeit zum Aufbau von Long- und Short-Positionen sowie die garantierte Ausführbarkeit der angezeigten Preise machen das Produkt zu einem erstklassigen Finanzinstrument.

Das Ihnen vorliegende, überarbeitete und aktualisierte Handbuch wird aufgrund seiner Beliebtheit bei den Investoren zum zweiten Mal, neu in Kooperation mit dem Verlag Finanz und Wirtschaft, aufgelegt. Es zeigt alle wichtigen Facetten und Eigenarten dieses Wertpapiertyps auf und gewährt sowohl Kleinanlegern wie auch Verwaltern eines grösseren Portefeuilles einen neutralen und umfassenden Einblick in die Welt der ETF an SIX Swiss Exchange. Wir wünschen Ihnen viel Vergnügen bei der Lektüre.

Dr. Christian A. Katz
CEO, SIX Swiss Exchange

Martin Coninx
Geschäftsführer, Verlag Finanz und Wirtschaft

2.   Definition

Formal

Exchange Traded Funds (Abkürzung: ETF) sind kotierte Fonds ohne Laufzeitbegrenzung, die während der Börsenhandelszeiten fortlaufend gehandelt werden. In den meisten Fällen ist es das Ziel eines ETF, einen bestimmten Index 1:1 abzubilden und den ETF-Investoren das exakt gleiche Risiko-Rendite-Profil zu offerieren wie der zugrundeliegende Basiswert. ETF gehören in die Welt der passiven Kapitalanlagen und werden ohne Ausgabe- resp. Rücknahmeaufschlag im Sekundärmarkt gehandelt. Sie stellen ein flexibles und liquides Anlageinstrument dar und verknüpfen die Vorteile von klassischen Anlagefonds mit denen von Aktien – und das zu preiswerten Konditionen. Aus rechtlicher Sicht sind ETF ein Sondervermögen, das im Insolvenzfall des Emittenten von der Konkursmasse separiert wird und somit keinem Gegenparteirisiko ausgesetzt ist.

Informal

Häufig werden Indizes als Markt- und Stimmungsbarometer einer Volkswirtschaft, einer Region oder einer Branche herangezogen. Indizes selbst sind nicht mehr und nicht weniger als ein nach klar definierten Regeln zusammengestellter Korb voller Wertschriften, der nicht etwa in Franken, Euro oder US-Dollar berechnet wird, sondern in sogenannten Indexpunkten. Folglich ist es unmöglich, mit einem Direktinvestment einen Index zu erwerben. Denn wer hat schon Indexpunkte in seinem Portemonnaie? Was also tun, wenn ein Investor nun den einem Index zugrundeliegenden Warenkorb kaufen möchte? Zwei Möglichkeiten stehen hierbei zur Verfügung. 1. Der Investor kann sämtliche Wertschriften des Wertschriftenkorbes in genauer Stückelung und Gewichtung kaufen. Das bringt jedoch einen grossen Kapitalbedarf und häufige Transaktionen mit

sich, aufgrund von Indexdynamiken wie beispielsweise Kapital-
ereignissen oder Indexneugewichtungen. 2. Einfacher und
flexibler kann der Investor auf ein Finanzprodukt zurückgreifen,
das einen Index praktisch spiegelt. Und das ist die Welt der
Exchange Traded Funds, kurz ETF. ETF lauten in den allermeisten Fällen auf Indizes und ermöglichen somit, auf einfache Art
und Weise darin zu investieren. Sämtliche Kapitalereignisse
werden vom Fondsmanager durchgeführt. Der ETF macht kon-
sequenterweise im Idealfalle nichts anderes, als dem Index auf
Schritt und Tritt zu folgen. Dies macht er zuverlässig, ohne
Portfoliobetreuung durch den Investor und sogar mit geringem
Kostenverschleiss (Managementgebühr).

3. Charakteristik

ETF haben eine rasante Entwicklung hinter sich. Die Wachstumszahlen in den vergangenen Jahren sind beeindruckend, was nicht zuletzt mit den vielen Vorteilen dieser Finanzinstrumente zu tun hat. Wichtig zu beachten ist jedoch, dass ETF als passive Finanzprodukte ausschliesslich das Ziel haben, einen gewissen Basiswert möglichst ideal nachzubilden. Sie haben nicht das Ziel, eine Outperformance (Alpha) gegenüber einer Benchmark zu generieren. Neben einer sehr genauen Indexnachbildung bieten ETF weitere Vorteile, die in den nachfolgenden Kapiteln vorgestellt werden.

> Das Ziel eines ETF als passives Anlagevehikel ist die möglichst ideale Nachbildung eines Index.

3.1   Diversifikation in einer Transaktion

Diversifikation ist das Kernziel in der modernen Portfolioverwaltung. Unter Diversifikation versteht man die Verteilung von Risiken auf mehrere Risikoträger, die eine möglichst geringe Korrelation zueinander aufweisen. In einem Portfolio wird im Zuge dessen das Vermögen auf unterschiedliche Investments verteilt.

> Diversifikation ist die Verteilung von Risiken auf mehrere Risikoträger, die eine möglichst geringe Korrelation zueinander aufweisen.

ETF werden diesem Anspruch gerecht. Mit einer einzigen Transaktion können Anleger auf einfachste Art und Weise einen bestimmten Markt und somit ein diversifiziertes Portfolio erwerben. Idealtypisch für den modernen Portfoliotheorieansatz ist, dass sich mit zunehmender Streuung von Wertpapieren das individualtitelspezifische Risiko innerhalb des Portfolios verringert. Mit einem Investment z.B. in den S&P-500-Index erhalten Anleger die Möglichkeit, das Risiko-Rendite-Profil der 500 führenden Unternehmen der USA zu erwerben. Und dies einfach, schnell und preiswert.

Gegenüber dem hohen zeitlichen und zum Teil auch monetären Aufwand für Research und Überwachung eines Aktiendepots profitieren ETF-Anleger von der Einfachheit, lediglich einen Wert im Depot im Auge behalten zu müssen, bei gleichzeitigem Investment in z.B. die 500 Aktien des S&P 500.

3.2   Sicherheit

Rechtlich betrachtet sind Exchange Traded Funds Anlagefonds und geniessen daher den gesetzlich verankerten Anlegerschutz. In der Schweiz unterstehen sie dem Bundesgesetz über die kollektiven Kapitalanlagen (KAG). Auf dieser Gesetzesgrundlage reguliert die Eidgenössische Finanzmarktaufsicht (FINMA) den Vertrieb von kollektiven Kapitalanlagen. Im Gegensatz zu Warrants und Zertifikaten, die aus rechtlicher Sicht eine Inhaberschuldverschreibung darstellen, sind Exchange Traded Funds gemäss Art. 35 KAG als ein vom Emittenten (von der ETF-Verwaltungsgesellschaft) abgesondertes Vermögen definiert. Es besteht insofern kein Gegenparteirisiko. Im Falle eines Konkurses des Emittenten hat der ETF-Investor einen Rechtsanspruch auf die von ihm erworbenen Vermögenswerte.

> ETF geniessen als Anlagefonds den gesetzlich verankerten Anlegerschutz und sind in der Schweiz dem KAG unterstellt.

Seit den Ereignissen rund um die Finanzkrise im Jahr 2008 ist dieser Punkt sowohl für institutionelle als auch für private Anleger ein entscheidendes Kriterium für die Auswahl des passenden Investmentinstruments.

Hinweis: In Kapitel 9 werden unterschiedliche Möglichkeiten der Ausgestaltung von ETF vorgestellt. Bei dem in Kapitel 9.3 vorgestellten Ansatz der synthetischen Indexnachbildung kann es im Fonds ein Swap-Gegenparteirisiko von max. 10 % geben. Weitere Informationen entnehmen Sie bitte dem entsprechenden Kapitel.

3.3   Hohe Transparenz

Die Produktklasse der Exchange Traded Funds zeichnet sich durch ein Höchstmass an Transparenz aus.

Der aktienähnliche Charakter der ETF zeigt sich hinsichtlich Transparenz insbesondere in den relevanten Handelsinformationen – verbindliche Geld-/Briefkurse, Handelsvolumen und Spreads. All diese Kriterien können vom Investor kostenlos auf den Webseiten der jeweiligen Emittenten, von unabhängigen

Finanzportalen oder auf dem Portal von SIX Swiss Exchange, www.six-swiss-exchange.com, abgerufen werden.

Daneben veröffentlichen die Emittenten auf täglicher Basis die exakte Zusammensetzung des Fonds. Anleger können ihr Investment also jederzeit auf einfachste Art und Weise überprüfen und bleiben so von bösen Überraschungen in ihrem Portfolio verschont.

Ein zusätzliches Transparenzgut ist der indikative Nettoinventarwert (iNAV). Für alle Fonds des ETF-Segments an SIX Swiss Exchange wird er während der Börsenhandelszeiten durchgehend veröffentlicht (im Regelfall in einem Zeitintervall von 15 Sekunden pro Kursaktualisierung). Der iNAV ist ein Näherungswert des fortlaufend berechneten Fondsvermögens und setzt sich aus den zu Marktpreisen bewerteten Einzelpositionen, addiert mit dem Baranteil, abzüglich der Verbindlichkeiten, dividiert durch die Anzahl der sich im Umlauf befindenden Fondsanteile, zusammen. Er bildet die Grundlage, auf der die Market Makers ihre verbindlichen Geld- und Briefkurse stellen. Investoren können den iNAV benutzen, um die an der Börse gestellten Geld- und Briefkurse hinsichtlich der Preisstellungsattraktivität zu bewerten.

> Der iNAV ist der zu aktuellen Marktpreisen bewertete innere Wert eines Fonds und dient dem Investor als Anlageorientierung.

3.4   Fortlaufender Handel und Preisfeststellung

Ein grosser Vorteil der Exchange Traded Funds liegt in der durchgängigen Handelbarkeit der Produkte zu Marktpreisen. Anders als bei traditionellen Anlagefonds, deren Anteile nur einmal täglich berechnet werden und von Banken/Fondsgesellschaften ausgegeben resp. zurückgenommen werden müssen, können ETF in Echtzeit gehandelt werden. Innerhalb von Sekunden kann die eigene Marktmeinung gekauft und auf wichtige Marktveränderungen reagiert werden. An SIX Swiss Exchange können ETF börsentäglich fortlaufend gehandelt werden. Es besteht weder eine Mindesttransaktionsgrösse noch eine Minimumstückzahl, die gehandelt werden muss. Für die Gewährleistung einer hohen Preisstellungsqualität (Handel nah am iNAV) und eine ausreichende Liquidität zeichnen verpflichtete Market Makers (siehe auch Kapitel 7) verantwortlich. Sie stellen über die Börse verbindliche Geld- und Briefkurse, zu denen Investoren ETF verkaufen resp. kaufen können. Da ETF börsengehandelte Fonds sind, stehen dem Investor verschiedene Auftragsmöglichkeiten zur Verfügung, die er sich

> ETF weisen weder eine Mindesttransaktionsgrösse noch eine Minimumstückzahl auf, die gehandelt werden muss.

zunutze machen kann, um sein Portfolio einfacher und effizienter zu bewirtschaften. Man unterscheidet dabei normale Auftragstypen von bedingten.

Dem Anleger stehen vielfältige Ordertypen zur Verfügung, welche die Bewirtschaftung des Portfolios erleichtern.

Der **normale Auftrag** kann ohne Preisangabe (Bestens) oder mit Preisangabe (Preislimite) aufgegeben werden. Es handelt sich um die häufigste Auftragsart, deren maximale Gültigkeit bei einem Jahr liegt.

Bestens (Kauf und Verkauf)

Bei einer Bestens-Order wird der Auftrag bei liquiden Titeln immer ausgeführt. Dabei erwirbt resp. verkauft der Anleger die gewünschten Aktien zum aktuell günstigsten (= besten) angebotenen Preis im Orderbuch. Wenn das vom Investor eingegebene Volumen grösser ist, macht das System anschliessend mit dem zweitbesten Preis ein Matching. Dies wird so lange weitergeführt, bis der Auftrag vollständig ausgeführt ist.

Preislimite (Kauf und Verkauf)

Eine Limit-Order unterscheidet sich von einer Bestens-Order durch eine Kursvorgabe, eine sogenannte Limite. Bei der Normal-Order mit Limite setzt der Anleger einen genauen Betrag pro Titel fest, zu dem er die gewünschte Anzahl Aktien erwerben oder verkaufen will.

Der **bedingte Auftrag** ist reglementarisch keine offizielle, von SIX Swiss Exchange unterstützte Auftragsart, da dieser Auftrag lokal beim Händlersystem des Teilnehmers (Hausbank oder Broker) gespeichert ist und erst bei Erreichung eines Trigger an das Börsensystem übermittelt wird. Es ist daher zu beachten, dass die bedingten Auftragstypen je nach Bank oder Broker unterstützt oder nicht angeboten werden.

On Stop (Kauf)

Eine On-Stop-Order ist die Bezeichnung für einen Kaufauftrag, der bei Erreichen oder Überschreiten eines vom Anleger festgesetzten Kurses zum nächsten erhältlichen Börsenkurs bestens ausgeführt wird, unabhängig davon, ob dieser aktuelle Kurs über oder unter dem vom Auftraggeber festgesetzten Kurs liegt.

On Stop Limit (Kauf)

Der On-Stop-Limit-Ordertyp ist eine Kauforder, die bei Errei-chen oder Überschreiten eines vom Anleger festgesetzten Kurses als limitierter Kaufauftrag in das Börsensystem gelangt.

Stop Loss (Verkauf)

Eine Stop-Loss-Order zeichnet sich dadurch aus, dass sie, sobald das vorgegebene Preislimit (Stop Limit) erreicht ist, automatisch als Bestensauftrag in das Auftragsbuch gestellt wird.

Stop Loss Limit (Verkauf)

Stop-Loss-Limit-Order sind limitierte Verkaufsorder. Sie wer-den automatisch bei Unterschreiten des angegebenen Werts (Trigger) zu einem vorher bestimmten Kurs (Limite) ausgeführt. Sie dienen dem Schutz vor grösseren Verlusten und zur Gewinnabsicherung.

Grundsätzlich ist es sinnvoll, limitierte Auftragsarten zu nutzen und die gewünschten Wertschriften nicht bestens zu handeln. Ein praktischer Leitfaden, wie ETF selektiert und gehandelt werden können, wird in Kapitel 16 behandelt.

3.5   Niedrige Gebühren

Im Vergleich zu traditionellen, aktiv gemanagten Fonds stechen ETF punkto Gebühren und Kostenstruktur deutlich positiv her-vor. So gibt es für den ETF-Investor keine Ausgabe- und Rück-gabegebühr. Bezahlt werden müssen hingegen Gebühren für den Kauf bzw. Verkauf an der Börse (Courtage). Zudem sind die Managementgebühren aufgrund des passiven Investment-ansatzes bei ETF niedriger als bei aktiven Fonds.

Beim Erwerb von ETF-Anteilen fallen keine Ausgabegebühren an. Ebenso bei der Veräusserung keine Rücknahmegebühren.

Die Managementgebühren bei ETF bewegen sich in entwi-ckelten Märkten zwischen 0 und 0,4 % p.a. ETF auf schwerer zugängliche Anlageregionen, wie z.B. Emerging Markets, haben in der Regel eine leicht höhere Managementgebühr.

Die Höhe der Managementgebühren ist zunehmend auch eine Frage des Wettbewerbs unter den verschiedenen ETF-Anbietern. ETF auf sehr populäre und bekannte Indizes, wie z.B. den DJ EURO STOXX 50®, werden darum äusserst günstig oder sogar ohne Managementgebühr angeboten, wohingegen Nischenmärkte mit verhältnismässig höheren Gebühren zu Buche schlagen.

Bei aktiv gemanagten Fonds bewegen sich allein die Managementgebühren zwischen 1 und 2,5 %, je nach Anlageklasse, Anbieter und Region. Zusätzlich kann es zu Ausgabe- und Rücknahmegebühren von bis zu 5 % kommen. Die höheren Gebühren lassen sich z.t. erklären durch höhere Researchaufwendungen, höhere Transaktionskosten und insbesondere den Aufwand für den Vertrieb der Fonds.

3.6   Hohe Liquidität

«Liquid» in dem hier verwendeten Zusammenhang beschreibt die Eigenschaft eines Marktes, in dem Wertpapiere jederzeit problemlos ge- und verkauft werden können. In einem liquiden Markt können Anleger in kürzester Zeit Wertpapiere erwerben resp. Wertpapiere in Mittel umtauschen. Aus Sicht des Risikomanagements ist eine fortlaufende Handelbarkeit essenziell, um in jeder Marktsituation effizient agieren zu können.

Das Zusammenspiel von Kundenorders und spezialisierten Market Makers sorgt für eine hohe Liquidität im ETF-Markt.

Im ETF-Markt ist dies gewährleistet. Denn neben den Handelsaktivitäten einzelner Handelsteilnehmer im Sekundärmarkt stellen von der Börse verpflichtete Banken oder Broker (Market Makers) fortlaufend verbindliche An- und Verkaufskurse für ETF.

Exkurs: Liquidität ≠ Umsatz

Investoren schauen häufig auf das Ordervolumen als Indikator für Liquidität. Hohe Volumina implizieren eine hohe Liquidität. Während dieser Grundsatz beispielsweise bei Aktien zutrifft, gilt er für ETF hingegen nicht.

Der ETF-Markt zeichnet sich als ein Quote-getriebener Markt aus. Das heisst, dass weniger die von den Anlegern aufgegebenen Kauf- und Verkaufaufträge als vielmehr die von der Börse verpflichteten Market Makers Liquidität für ETF gewährleisten. Nachfolgendes reales Beispiel verdeutlicht dies:

Abb. 1: Orderbuch eines ETF an der Börse

in EUR/Uhrzeit: 11.40 Uhr

Wertpapier	Volumen (Geld)	Preis (Geld)	Preis (Brief)	Volumen (Brief)	Volumen Total
XYZ-ETF DJ EURO STOXX 50®	20'000	64.57	64.64	20'000	437
	25'000	64.54	64.67	25'000	
	25'000	64.24	64.90	25'000	
	500	64.00	70.00	3'000	
	500	63.05			

CHF 2 Mio. auf beiden Seiten (Geldseite und Briefseite) des Orderbuchs – Inside Spread: 11 Basispunkte

Aktueller Tagesumsatz: CHF 45'168.00

Quelle: SIX Swiss Exchange

Im aufgezeigten Beispiel ist das Tagesvolumen (= Handelsumsatz) mit CHF 45'168.00 relativ gering. So gering, dass man bei Aktienpapieren von einem illiquiden Titel sprechen würde. Doch durch die Verpflichtung eines Market Maker wird «künstlich» Liquidität in grossem Masse in den Titel gebracht. Das Orderbuch verfügt durch die Preisstellung des Market Maker über CHF 2 Mio. auf dem obersten Level, sowohl auf Kauf- als auch auf Verkaufsseite. Der innere relative Spread (Differenz zwischen Geld- und Briefkurs, bezogen auf den Briefkurs) von 11 Basispunkten ist dabei äusserst wettbewerbsfähig.

Wichtig: Als Tracker eines Index ist ein ETF ein Produkt, dessen Liquidität insbesondere von der Liquidität der Komponenten des Basiswertkorbes abhängt. Je liquider die Komponenten des Index, desto optimaler kann der Market Maker sich absichern und desto bessere Preise werden im Markt gestellt.

Die Liquidität eines ETF ist insbesondere von der Liquidität der Basiswertkomponenten abhängig.

ETF haben auch an Tagen mit wenig Handelsvolumen genügend Liquidität und offerieren attraktive Handelskonditionen. Der Ansatz, das durchschnittliche tägliche Handelsvolumen als Mass der Liquidität zu benutzen, ist bei ETF im Gegensatz zu Aktien nicht sinnvoll.

3.7   Leerverkäufe

Um auch bei fallenden Märkten Gewinne zu erwirtschaften, können professionelle Investoren von ETF (gleich wie bei Aktien) Leerverkäufe tätigen. Unter einem Leerverkauf versteht man den Verkauf von Wertpapieren, die sich noch gar nicht im Besitz des Verkäufers befinden, zu dem Zweck, sie später billiger erwerben zu können und an der Differenz zwischen Verkaufs- und Kaufpreis zu verdienen (Differenzgeschäft). Aus einem Leerverkauf entsteht eine sogenannte Short-Position. Sie birgt das Risiko, dass der Wertpapierkurs steigt und der Investor sich zu einem späteren Zeitpunkt zu höheren Kursen mit den Papieren eindecken muss. Da dies ein theoretisch unbegrenztes Risiko bedeutet, muss ein Leerverkäufer als Sicherheit für die Bank am Wertpapierleihmarkt agieren und sich mit entsprechenden Titeln eindecken. Im Regelfall geschieht dies vollautomatisch durch die Bank, sodass jeder Leerverkaufsorder automatisch ein Auftrag zur entsprechenden Wertpapierleihe folgt.

Beispiel eines Aktienleerverkaufs:

Ein Investor ist der XYZ-Aktie gegenüber «bearish» eingestellt, d.h., er hält die Aktie für überbewertet und erwartet, dass ihr Kurs in der nächsten Zeit an Wert verliert. Um seine Marktmeinung nun in die Praxis umzusetzen, kann er einen Leerverkauf durchführen. Wie funktioniert dies praktisch? Annahme: Die XYZ-Aktie notiert bei CHF 100.00, und der Investor handelt über einen Broker, der ihm erlaubt, Leerverkäufe vorzunehmen.

Der Investor erteilt nun dem Broker den Auftrag, 100 XYZ-Aktien zum Kurswert von CHF 100.00 zu verkaufen. Da er vor dem Verkauf nicht im Besitz der Aktien war, spricht man von einem Leerverkauf. Dieser muss in der Regel über die Wertpapierleihe «gedeckt» werden. Konkret heisst dies, dass der Verkaufsorder zumeist vollautomatisiert ein direkter Auftrag zur Wertpapierleihe nachfolgt.

Das Wertpapierkonto des Investors enthält nach dem Leerverkauf einen Depotinhalt von –100 XYZ-Aktien und einen Barmittelbestand aus den Verkaufserträgen in Höhe von 100 × CHF 100.00 = CHF 10'000.00 (Spesen werden in diesem Beispiel negiert).

In den Tagen nach dem Leerverkauf zeigt sich, dass der Investor mit seiner Marktmeinung richtig lag. Der Kurs der XYZ-Aktie fällt um 25 % auf CHF 75.00. Zufrieden mit dieser Entwicklung beschliesst der Investor, seine Short-Position zu schliessen. Wiederum über seinen Broker gibt er nun einen Kaufauftrag mit einer Limite von CHF 75.00 auf. Nach erfolgreicher Ausführungsbestätigung durch den Broker weist das Depot neu einen Wert in Höhe des Gewinns von CHF 2'500.00 auf, wohingegen die XYZ-Aktien ausgebucht worden sind.

Durch das Zusammenführen der Wertpapiere aus der Kauftransaktion mit dem Negativbestand des Depots wird der Leerverkauf aufgelöst. Die vom Broker als Sicherung für den Kunden bezogenen XYZ-Aktien aus der Wertpapierleihe werden direkt nach der Deckung der Short-Position wieder dem ursprünglichen Verleiher gutgeschrieben.

Der Investor hat nun einen Bruttogewinn (vor Courtagen, Wertpapierleihgebühren und Steuern) in Höhe von CHF 2'500.00 erwirtschaftet.

Tab. 1: Beispiel eines erfolgreichen Leerverkaufs

Börsentransaktionen

	Ordertyp	Anzahl	Titel	Kurswert	Transaktionswert
Ausgangslage	–	–	–	–	–
Tag 1 – Leerverkauf	Verkauf	100	XYZ-Aktie	CHF 100.00	CHF 10'000.00
Tag X – Schliessen der Short-Position	Kauf	100	XYZ-Aktie	CHF 75.00	CHF 7'500.00

Konto bei Broker

	Anzahl	Titel	Kurswert	Depotwert	Barmittel
Ausgangslage	–	–	–	CHF 0.00	CHF 0.00
Tag 1 – Leerverkauf	–100	XYZ-Aktie	CHF 100.00	–CHF 10'000.00	CHF 10'000.00
Tag X – Schliessen der Short-Position	–	–	–	0	CHF 2'500.00

Quelle: SIX Swiss Exchange

Da Leerverkäufe für den Investor ein erhöhtes Risiko darstellen, wird dieser Ordertyp nicht von allen Depotbanken angeboten. Im Gegensatz zu Europa, wo nahezu ausschliesslich institutionelle Anleger Leerverkäufe tätigen, ist diese Handelsmethode in den USA auch unter privaten Anlegern sehr populär. Für die Nutzer von Leerverkäufen ist dieser Handelstyp ein enormer Gewinn an Flexibilität.

Um als Privatanleger in Europa von fallenden Kursen zu profitieren, haben sich in der Vergangenheit einfachere Lösungen entwickelt. Insbesondere bieten sich ETF auf Short-Indizes an. Sie werden in Kapitel 8.4.6 näher betrachtet.

3.8   Volle Dividendenpartizipation

Investoren von Aktien-ETF profitieren von sämtlichen Dividendenausschüttungen des im Fonds befindlichen Aktienkorbes. Dabei gibt es zwei mögliche Szenarien für die Partizipation. Bei Preis- resp. Kursindizes wird die Dividende an den Investor ausgezahlt, bei Performanceindizes wird die Dividende direkt in den Index reinvestiert (siehe Kapitel 8.3).

ETF-Anleger partizipieren vollumfänglich an den Dividendenauszahlungen der im Fonds befindlichen Unternehmen.

3.9   Kein Wiederanlagerisiko

Alle an SIX Swiss Exchange gehandelten ETF sind Open-End-Produkte, d.h., es gibt keine Laufzeitbeschränkung.

Damit entfällt das Risiko, dass eine Investition aufgrund eines Laufzeitendes aufgelöst werden muss und der Investor eine Wiederanlage zu schlechteren Konditionen einzugehen hat (einzige Ausnahme: Dekotierung, siehe Kapitel 5.5).

Einen Überblick über das Wiederanlagerisiko einzelner Investmentprodukte zeigt die Tabelle auf Seite 16.

3.10   Vergleich und Abgrenzung verschiedener Investmentprodukte

ETF vs. ETN vs. ETC

In den letzten Jahren ist eine Reihe neuer Produkte auf den Finanzmarkt gekommen. So auch die Finanzinstrumente Exchange Traded Notes (ETN) und Exchange Traded Commodities (ETC). Beide unterscheiden sich bezüglich Namensgebung nur wenig von Exchange Traded Funds (ETF). Man könnte annehmen, dass sich Produkte mit demselben Namensstamm stark ähneln. Dies ist zum Teil auch der Fall. So weisen alle drei Produkttypen gewisse Gleichartigkeiten auf, wie beispielsweise Börsenhandel, hohe Liquidität, Transparenz oder auch die Eigenschaft «preiswert». In rechtlicher Hinsicht unterscheiden sie sich jedoch grundlegend.

Während ETF als Fonds klassifiziert werden und so im Insolvenzfall des Emittenten als Sondervermögen im Sinne von Art. 35 KAG gelten, sind Schuldverschreibungen im Gegensatz dazu bei einem möglichen Insolvenzfall des Emittenten nicht geschützt. Auch gibt es hinsichtlich regulatorischer und steuerlicher Betrachtung Unterschiede zwischen ETC und ETN im Vergleich zu ETF.

Was ähnlich klingt, ist nicht zwingend gleicher Produktnatur.

ETF vs. börsengehandelte Anlagefonds

Exchange Traded Funds sind börsengehandelte Investmentfonds. Neben ETF gibt es jedoch an vielen Börsen, so auch an SIX Swiss Exchange, börsengehandelte Anlagefonds. Worin unterscheiden sich Letztere von ETF? Ist es nur der Name? Oder gibt es berechtigte Gründe, neben dem Segment ETF auch ein Segment Anlagefonds an SIX Swiss Exchange zu führen?

Die Antwort lautet: Ja, es gibt Unterschiede zwischen ETF und kotierten Anlagefonds. Erhebliche Unterschiede.

Zunächst ist ein wichtiger Unterschied der iNAV. Während er bei ETF in der Regel alle 15 Sekunden aktualisiert und veröffentlicht wird, existiert bei Anlagefonds kein iNAV. Kotierte Anlagefonds veröffentlichen lediglich einen einzigen NAV am Ende des Handelstages. Dieser NAV bildet dann die Grundlage für den Börsenhandel des nächsten Handelstages. Somit ist die Transparenz bei ETF während der Börsenhandelszeiten um ein Vielfaches höher als bei Anlagefonds.

Des Weiteren unterscheiden sich ETF und Anlagefonds ebenfalls in hohem Masse bezüglich Zeichnung der Fondsanteile. Während bei ETF die Schaffung neuer Fondsanteile mithilfe des einzigartigen Creation-Prozesses stattfindet, werden bei Anlagefonds neue Anteile fast immer gegen Barmittel kreiert, was zu steuerlichen Nachteilen für die Investoren führen kann. Zudem werden sämtliche Transaktionskosten für die Kreierung resp. Rücknahme von Fondsanteilen dem Fondsvermögen entzogen, womit bei jedem Kauf resp. Verkauf von Fondsanteilen dem Fondsvermögen Transaktionskosten belastet werden.

ETF vs. Futures

In der Praxis gibt es einige Beispiele, in denen ETF als Substitutionsprodukte von Futures eingesetzt werden. Dies vor allem aufgrund der grossen Vielfalt an ETF in Kombination mit hoher Liquidität. Auf eine Vielzahl von Indizes gibt es bis heute noch keine Futures, oder die betreffenden Futures sind recht illiquide. Ein weiterer wichtiger Punkt, der insbesondere für Privatanleger von Bedeutung ist, sind die Margin-, Sicherungs- und Dokumentationsleistungen. Sie müssen, anders als bei ETF, bei Futures-Transaktionen gewährleistet sein.

Ein weiterer Vorteil der ETF ist ihre Laufzeit. ETF sind per Definition Produkte, die keine Laufzeitbeschränkung haben. Im Gegensatz dazu müssen Futures im quartalsmässigen Turnus «gerollt» werden. Der Roll-over bezeichnet das Wechseln eines Futures-Kontrakts am Ende der Laufzeit in den nächsten Kontrakt mit einem späteren Verfall. Futures machen deshalb auf kurze Sicht mehr Sinn als bei Langzeitinvestments.

Tab.2: Vergleich verschiedener Investmentprodukte

Eigenschaft	Exchange Traded Funds (ETF)	Indexzertifikate	Nicht kotierte Anlagefonds	Futures	Aktien
Preisfeststellung	Fortlaufend	Fortlaufend	Einmal täglich (Forward Pricing)	Fortlaufend	Fortlaufend
Liquidität	Sehr hoch	Hoch	Kein Börsenhandel	Hoch	Niedrig bis hoch, abhängig von der Aktie (Blue Chips: hoch)
Laufzeitbegrenzung	Nein	Im Regelfall begrenzte Laufzeit	Nein	Begrenzt	Nein
Wiederanlagerisiko	Nein	Wenn Laufzeitbegrenzung, dann: Ja	Nein	Ja	Nein
Leerverkäufe	Ja	Nein	Nein	Ja	Ja
Minimale Auftragsgrösse	1 ETF	1 Zertifikat	Kein Minimum	z.B.: CHF 10 × Index	1 Aktie
Kauf- resp. Verkaufskosten	Übliche Börsengebühren	Übliche Börsengebühren	I.d.R. Ausgabeaufschlag von bis zu 5 %	Übliche Börsengebühren	Übliche Börsengebühren
Dividendenzahlung	i.d.R. Ja	Zumeist nein	I.d.R. ausschüttend	Eingepreist	Ja
Rollrisiko	Nein	Nein	Nein	Ja	Nein
Finanzierung	Keine Nachschusspflicht	Keine Nachschusspflicht	Keine Nachschusspflicht	Sicherheitshinterlegung (Margin)	Keine Nachschusspflicht
Kreditrisiko	Nein*	Gegenpartei	Nein	Zentrale Gegenpartei	Ja
Managementgebühr	Ja	Ja/Nein	Ja	Nein	Nein

* Innerhalb des Finanzinstruments kann es bei swapbasierter Nachbildung zu einem Gegenparteirisiko von max. 10 % kommen.
Quelle: SIX Swiss Exchange

4.   Geschichte

Exchange Traded Funds sind relativ junge Investmentprodukte. Im Gegensatz zu den klassischen Anlagefonds, die ihre Wurzeln vor vielen Jahrzehnten geschlagen haben, sind ETF als kommerzielle Finanzprodukte erstmals 1993 ins Rampenlicht getreten. Der erste amtlich zugelassene rein indexbasierte ETF wurde von State Street Global Advisors emittiert und war ein Indextracker des S&P 500. Noch heute ist der SPDR (Standard & Poor's Depositary Receipt, ausgesprochen: Spider) einer der grössten ETF der Welt.

Der Innovationskraft der Branche und dem Erfolg der ersten ETF ist es zu verdanken, dass nur drei Jahre später, im Jahr 1996, die ersten ETF auf einzelne Länderbaskets emittiert wurden. WEBS und Country Basket sind die ersten Vertreter dieser später sehr populären Indexkategorie der Regionalindizes. 1998 wurden dann die ersten Branchen-ETF lanciert.

Ihren Erfolgszug durch Europa begannen die ETF mit ersten Listings im Jahr 2000. Neben der Schweiz, wo erstmals im September 2000 ETF gehandelt wurden, sind Deutschland, Grossbritannien und Schweden die europäischen ETF-Vorreiter. Waren es am Anfang ausschliesslich ETF auf europäische und amerikanische Aktienindizes, so wurden im Jahr 2004 erste ETF auf Schwellenländer (Emerging Markets), Immobilien, aber auch auf Rohwaren lanciert. 2005 folgten die ersten Strategieindizes, die mit ETF abgebildet wurden. In den Jahren 2008 und 2009 erlebte die Branche einen gewaltigen Zuwachs von Produkten. Den Anfang machten Short-ETF, die den inversen Index auf täglicher Basis abbildeten. Danach wurden Produkte auf Leverage-Indizes aufgelegt, welche die Performance des Index auf täglicher Basis verdoppelten oder gar verdreifachten. In dieser Periode wurden auch neue Anlageklassen via ETF zugänglich gemacht: Hedge Funds, Geldmarkt-

Ihren Erfolgszug durch Europa begannen ETF im Jahr 2000.

anlagen und Währungen. Auch «aktiv» gemanagte ETF, die ihren Basket auf täglicher Basis veröffentlichen, versuchen im Markt Fuss zu fassen.

Das Wachstum des ETF-Anlageuniversums wird von Beginn an begleitet von imposanten Wachstumszahlen. Per Ende 2009 überschritt das globale Fondsvermögen (Assets under Management) erstmals die Marke von USD 1'000 Mrd. An über 40 Börsen weltweit listen 109 Emittenten 1'939 Exchange Traded Funds. Das weltweite durchschnittliche Handelsvolumen pro Tag liegt bei USD 50 Mrd.*

In der Schweiz sind per Ende 2009 275 Produkte gelistet.**

Quellen:
  * ETF Landscape, Industry Review from BlackRock, Dezember 2009
 ** SIX Swiss Exchange (Gewisse fungible ETF (gleiche ISIN) sind in mehreren Währungen handelbar. Entsprechend werden sie mehrfach gezählt.)

5.   Risiken

Jede Geldanlage bietet Chancen und birgt Risiken. Ein Investor muss daher, bevor er eine Anlageentscheidung trifft, in jedem Fall das ausgesuchte Investmentprodukt verstehen. Dazu gehören neben den Chancen und der Funktionsweise auch die Risiken.

Exchange Traded Funds sind relativ einfache Produkte, die schnell zu verstehen und transparent sind. Es gibt dennoch einige Dinge, die im Rahmen einer Risikoaufklärung für Investoren von Bedeutung sind.

Vor einer Geldanlage muss der Investor Chancen, Funktionsweise und Risiken der zum Einsatz kommenden Finanzinstrumente verstehen.

5.1   Allgemeines Marktrisiko

Die Dynamik eines Finanzmarktplatzes spiegelt sich insbesondere an der Börse, wo Nachfrage und Angebot aufeinandertreffen. Der Wert eines Wertpapiers kann fallen oder steigen, folglich auch der Wert von Indizes. Da ETF Tracker-Produkte sind, die die Performance eines Index nahezu 1:1 abbilden, können sich auch sie den Gesetzen des Marktes nicht entziehen. Folglich kann es sein, dass Investoren aufgrund der zugrundeliegenden Wertpapiere eines ETF in schwachen Marktphasen Verluste erleiden.

Volkswirtschaftlich gesehen sind vor allem politische und wirtschaftliche Änderungen, die einen Konjunktureinfluss ausüben, für die Kursentwicklung von Wertpapieren verantwortlich. Auswirkungen auf den Kurs von Wertpapieren können beispielsweise initiiert werden durch Änderungen in der Steuer- und Gesetzgebung, Regierungswechsel, Regulierungsänderungen, aber auch durch Naturkatastrophen.

Grundsätzlich korrelieren ETF sehr stark mit geänderten Rahmenbedingungen. Fallen diese zum Nachteil der Basis-

werte eines ETF aus, so sinkt auch der Wert des ETF. Begünstigen die Rahmenbedingungen die Basiswerte, so steigt der
Wert des ETF.

5.2   Spezielles Marktrisiko

Exchange Traded Funds sind in ihrer Kerncharakteristik Investmentprodukte mit einem diversifizierten Korb von Basiswerten.
Ein spezielles Marktrisiko kann jedoch bei Indexanlagen dennoch nicht ausgeschlossen werden. Beispiele hierfür sind
Länder-, Index- oder auch Branchenrisiken.

Treten Veränderungen spezieller Art auf, die nachhaltigen
Einfluss auf diese Märkte haben, wirkt sich das indirekt auf den
Wert des ETF auf. Beispiele für Länderrisiken sind veränderte
politische Rahmenbedingungen, für Indexrisiken die Dominanz
eines oder weniger Indexwerte, für Brancheninvestments die
überdurchschnittliche Korrelation der einzelnen Indexwerte.

5.3   Währungsrisiko

ETF haben zwei unterschiedliche Währungsparameter: erstens
die Fondswährung und zweitens die Handelswährung. Die
Fondswährung ist diejenige Währung, mit der in einen Fonds
investiert und zu dem der Fonds bewertet wird. Auf der anderen Seite steht die Handelswährung. Sie legt fest, in welcher
Währung der ETF kotiert ist. Die Handelswährung kann von
der Fondswährung abweichen. Ist die Handelswährung gleich
der Fondswährung, besteht kein Währungsrisiko auf Fonds-
ebene. Gibt es Unterschiede, so kann der ETF je nach Devisen-
kursentwicklung von dem Währungsunterschied profitieren
oder verlieren.

Bei ETF, deren Basiswerte in Wertschriften unterschiedlicher
Währung investieren, existiert zudem ein titelspezifisches
Währungsrisiko. Als Beispiel sei hierfür der MSCI World Index
genannt, der je nach aktueller Gewichtung in Aktien aus über
zehn verschiedenen Währungsräumen weltweit investiert.

> ETF-Investments können
> Währungsrisiken bergen.
> Diese sind abhängig von
> der Fondswährung,
> der Handelswährung,
> aber auch vom Basiswert.

5.4   Benchmarkwechsel

Ein theoretischer Fall, der in der Praxis jedoch selten auftritt, ist die Änderung der Benchmark eines ETF. Der Emittent hat das Recht – unter Einhaltung einer gewissen Ankündigungsfrist –, den Basiswert eines ETF zu wechseln.

Neben dem Risiko, nicht mehr in der ursprünglich ausgewählten Marktabdeckung investiert zu sein, kann ein Benchmarkwechsel auch Vorteile für den Investor haben wie beispielsweise ein besseres Risiko-Rendite-Profil.

5.5   Dekotierung

ETF sind Investmentprodukte ohne Laufzeitbeschränkung. Hat jedoch ein ETF aus Sicht des Emittenten ein zu niedriges Kosten-Ertrags-Verhältnis, resultierend z.B. aus einem zu kleinen Fondsvermögen, und die Aufrechterhaltung des Fonds ist unwirtschaftlich, kann der Emittent die Dekotierung des ETF veranlassen und den Fonds schliessen. In einem solchen Fall verliert der Investor keinesfalls das eingesetzte Kapital. In der Regel kauft der Emmitent dem Investor die von ihm gehaltenen ETF-Anteile zum Nettoinventarwert zurück. Alternativ kann es auch zu einer Umschichtung in einen anderen ETF kommen.

Im ungünstigsten Fall muss der Investor einen Verlust realisieren, der bis dato nur als Buchverlust im Depot vorhanden war und die Chance auf eine Erholung bot. Dies ist der einzige, selten eintretende Fall, wo der Investor einem Wiederanlagerisiko ausgesetzt ist.

5.6   Synthetische Nachbildung

Gemäss der UCITS-Richtlinie kann es bei der synthetischen Nachbildung eines ETF innerhalb des Fonds ein Gegenparteirisiko von max. 10 % geben. Dies ist der maximale Level. In der Praxis bewegt sich das Risiko bei rund 2 bis 3 %. In Kapitel 9.3 wird diese Nachbildungsform ausführlich mit Vor- und Nachteilen beschrieben.

5.7   Tracking Error

Das Ziel von ETF ist es, einen zugrundeliegenden Basisindex, abzüglich Managementgebühren, möglichst 1:1 abzubilden. Jedoch kommt es zwischen der Wertentwicklung eines Index und derjenigen des darauf basierenden ETF zu minimen Performanceunterschieden. Diese Differenz ist der sogenannte Tracking Error (Abweichungsfehler, kurz: TE), eine vergangenheitsbezogene Kennzahl, welche die annualisierte Standardabweichung der Differenzrendite eines ETF von seiner Benchmark ausweist.

Der Tracking Error ist ein Qualitätsmass für die Güte der Indexnachbildung durch den Fondsmanager.

In der aktiven Wertanlage wird der Tracking Error als Indikator für die Risikobereitschaft einer Anlagestrategie benutzt, wohingegen er im passiven Portfoliomanagement ein Qualitätsmass für die Güte der Indexnachbildung durch den Fondsmanager ist. Ein ideales Tracking weist einen TE (exkl. Managementgebühr) von 0 aus. Je höher der ausgewiesene Wert, desto grösser ist der Tracking Error. Man beachte, dass die Managementgebühr in den Tracking Error miteingerechnet wird.

Verantwortlich für eine Abweichung des ETF von seinem Benchmarkindex können neben der Managementgebühr die folgenden Komponenten sein:

– **Nachbildung des Basiswerts**
   Bei der Nachbildung eines ETF mit einem Sampling-Ansatz (vgl. 9.2) kann es zu Abweichungen zwischen ETF und Basiswert kommen. Der Grund liegt darin, dass nicht exakt die gleichen Wertpapiere mit entsprechender Gewichtung wie im Index als Referenzportfolio dienen. Darüber hinaus existieren für ETF bestimmte gesetzliche Diversifikationsauflagen, von denen Indizes befreit sind.

– **Kostenabgrenzung**
   ETF haben eine fixe Managementgebühr, die auf einer jährlichen Basis ausgewiesen und automatisch vom Fondsvermögen abgezogen wird. Um eine gleichmässige Belastung des Fondsvermögens zu gewährleisten, grenzt der ETF-Fondsmanager täglich 1/365 der jährlich anfallenden Managementgebühren ab und entnimmt sie turnusmässig. Aus diesem Grund verfügt der ETF jederzeit über einen kleinen Barmittelanteil. Dieser sorgt in fallenden Märkten

für eine relative Outperformance der ETF im Vergleich zum Index, in steigenden Märkten für eine Underperformance. Diesen Mechanismus nennt man Cashdrag.

– **Bewertungszeitpunkt**
In der Praxis wird das ETF-Vermögen zu den Schlusskursen der Wertpapiere und zu den Devisenkursen der jeweiligen Depotbank bewertet. Gibt es Abweichungen zwischen den Kursen der Depotbank und denjenigen des Indexberechners, ergeben sich selbst dann Renditeunterschiede, wenn das ETF-Portfolio in seiner Zusammensetzung und Gewichtung vollständig mit dem Referenzindex übereinstimmt. Auch sind insbesondere die zeitlich unterschiedlichen Schlusskurse zwischen einem hier gehandelten ETF und einem ausländischen Index für TE verantwortlich. Ein Beispiel hierfür ist ein an SIX Swiss Exchange gelisteter ETF auf einen japanischen Index. Während der NAV des hiesig gehandelten ETF zu Schlusskursen des Schweizer Börsenhandels bewertet wird, findet die Indexbewertung des japanischen Index auf den Schlusskursen der entsprechenden Titel in Japan (vor Börsenöffnung in der Schweiz) statt.

– **Indexneugewichtung**
Indizes können von Zeit zu Zeit Änderungen hinsichtlich Zusammensetzung und/oder Gewichtungsverteilung unterliegen. Wird ein Index neu gewichtet, muss das Fondsmanagement unverzüglich die entsprechenden Änderungen nachbilden. Doch es liegt grundsätzlich im Ermessen des Fondsmanagers, wann er die Änderungen zeitlich durchführt. Auch kann eine Umschichtung des Fondsvermögens zu negativen Marktauswirkungen führen, da speziell bei illiquiden Wertpapieren ein grosser Nachfrageüberschuss höhere Kaufpreise für den Fonds nach sich zieht. Nicht zuletzt fallen für jede Fondsanpassung auch Transaktionskosten an.

– **Gründe für einen Tracking Error bei ETF auf Performanceindizes: Steuern**
In der Berechnung von Performanceindizes werden sämtliche Dividendenzahlungen der im Index enthaltenen Wertpapiere miteingerechnet. Während dies bei den Indizes eine rein mathematische Transaktion ist, bei der ein fixer, quasi fiktiver Steuersatz (sog. Steuerquote) zur Anwendung kommt, müssen bei der realen Nachbildung auf Dividenden-

erträge die realen, oftmals höheren Steuern bezahlt werden. Eine grössere Steuerbelastung resultiert insbesondere daraus, dass ETF per Definition nur ein Domizil haben und somit eine steuereffiziente Behandlung der Erträge nur in diesem Land möglich ist. Internationale Aktienkörbe führen daher automatisch zu einer Steuerineffizienz.

– Dividenden
Die Art und Weise der Dividendenreinvestition kann bei Performanceindizes ebenfalls zu Tracking Errors führen. Während viele Indizes annehmen, dass Dividenden am Ex-Tag ausgeschüttet und direkt reinvestiert werden, kommt es in der Realität zu verzögerten Auszahlungen. Die zeitlich unterschiedliche Behandlung führt zu einer Abweichung zwischen Index und ETF.

– Gründe für einen Tracking Error bei ETF auf Kursindizes: Barmittel
Die Kursindizes werden ausschliesslich auf Basis der real gehandelten Börsenkurse berechnet. Kursabschläge nach Auszahlung der Dividende eines Wertpapiers führen automatisch auch zu Kursabschlägen im Index. Auf Ebene des Fonds gehen die Dividendenzahlungen in den Barmittelbestand des ETF.

– Steuern und Ausschüttung
Analog der steuerlichen Behandlung von Performanceindizes müssen für ausgeschüttete Dividenden zum Zeitpunkt der Auszahlung auch bei Kursindizes Steuern abgeführt werden. Diese werden bei Bedarf vom Barmittelbestand des Fonds abgezogen. Am Geschäftsjahresende eines ETF auf einen Kursindex werden die bezogenen Dividenden resp. Zinsen abzüglich Steuerzahlungen und Managementgebühr an den Investor ausgeschüttet.

Tracking Errors sind per Definition nicht zwingend negativ. Es kann auch zu positiven Abweichungen kommen, dann nämlich, wenn der ETF den Index outperformt. Ausserordentliche Erträge – besonders Erträge aus der Wertpapierleihe – sind für dieses Szenario verantwortlich. Zudem können zum Teil Steuerrückerstattungen zur Optimierung der Performance im Vergleich zum Referenzindex geltend gemacht werden.

Zeitzonen

In der Schweiz werden alle ETF an SIX Swiss Exchange börsentäglich gehandelt, unabhängig davon, ob der Markt des Referenzindex geschlossen ist. Vergleicht man in diesen Situationen den ETF mit dem dazugehörigen iNAV, kann es augenscheinlich zu grösseren Differenzen zwischen diesen zwei Kursparametern kommen. Dies liegt an dem «schlafenden» iNAV, der erst wieder bei offenem Markt Aussagekraft erhält. Es handelt sich dabei nicht um einen realen Tracking Error, sondern um eine Wahrnehmungsverzerrung aufgrund unterschiedlicher Verfügbarkeiten von Informationen.

6.   Kosten

Kosten vermindern die Rendite, egal, wann und in welcher Höhe sie anfallen. Daher lohnt es sich für den Investor, sich ausführlich über die während der gesamten Haltedauer anfallenden Kosten zu informieren, bevor er eine Geldanlage tätigt.

Exchange Traded Funds haben eine transparente, einfache und niedrige Kostenstruktur. Für den ETF-Anleger gibt es im Wesentlichen nur drei Parameter, die hinsichtlich Kosten zu beachten sind. Zwar existieren auf Produktebene weitere Kostengrössen, sie werden jedoch vom Fondsmanager aggregiert und in wenigen Prozentzahlen (Managementgebühr und Total Expense Ratio) ausgewiesen.

Noch keinen Branchenstandard geschaffen haben die ETF-Anbieter beim Kostenausweis. Oftmals ist auf den Börsenportalen, aber auch aus den Factsheets nur schwierig zu erkennen, ob es sich bei der ausgewiesenen Gebühr um die Managementgebühr oder um die Total Expense Ratio (kurz: TER) handelt. Die Behörden in der Schweiz und in der Europäischen Union schreiben den Emittenten jedoch vor, in mindestens einer Publikation (beispielsweise Jahresbericht) die TER explizit auszuweisen.

6.1   Managementgebühr

Die Managementgebühr ist eine Verwaltungsgebühr, die dem Fonds in regelmässigen Abständen entzogen wird. Sie wird als Jahresgebühr im Factsheet ausgewiesen. Für ein optimales Index Tracking wird die Managementgebühr auf täglicher Basis (1/365tel) abgegrenzt und turnusmässig vom Fonds an die Fondsgesellschaft ausgezahlt.

Die Managementgebühr ist im Factsheet des ETF ausgewiesen und wird dem Fonds in regelmässigen Abständen entzogen.

Mit der Managementgebühr deckt die Fondsgesellschaft sämtliche Ausgaben für die Verwaltung, den Unterhalt und das Management eines ETF.

Managementgebühren bei Aktien-ETF bewegen sich für gut entwickelte Märkte zwischen 0 und 50 Basispunkten. Für schwerer abzubildende Märkte sind die Gebühren höher. Der «teuerste» ETF an SIX Swiss Exchange hält eine jährliche Managementgebühr in Höhe von 95 Basispunkten ein.

Fixed Income ETF werden an SIX Swiss Exchange bereits ab acht Basispunkten angeboten.

6.2   Total Expense Ratio (TER)

Neben der in Kapitel 6.1 aufgeführten Managementgebühr zählen zur TER zusätzlich z.B. Kosten für die vom Regulator vorgeschriebenen Unterlagen (Rechenschaftsberichte, Verkaufsprospekte), Anwalts-, Wirtschaftsprüfer- und Versicherungskosten, Kosten für Werbung, Vertrieb und Lizenzgebühren. Auch sämtliche Kosten für Aktienkorbtransaktionen und Depotgebühren zählen zur TER.

Die TER stellt bei Fondsanlegern mehr Transparenz her und erleichtert den Vergleich von Investmentfonds. Es gibt jedoch Möglichkeiten, die TER zu minimieren resp. aufzuheben. Das Zauberwort hierfür lautet Wertpapierleihe, die in Kapitel 12 behandelt wird.

> Die TER ist eine in Prozenten ausgewiesene Kennzahl, die sämtliche Gebühren, mit denen ein Fonds im Laufe eines Jahres belastet wird, ausweist.

6.3   Geld-Brief-Kursspanne (Spread)

Zu den sogenannten impliziten Kosten zählt die Geld-Brief-Spanne (oder: Spread). Der Spread wird definiert als Differenz zwischen An- und Verkaufskurs eines ETF. Je enger der Spread, desto kleiner sind die impliziten Transaktionskosten für den Anleger.

Die Erklärung dafür liegt auf der Hand. Anleger, die ein Wertpapier kaufen, bezahlen einen anderen Preis als diejenigen, die ein Wertpapier verkaufen. Aus Sicht des Investors ist der Kaufkurs (Brief) immer höher als der Verkaufskurs (Geld). Mit dem Differenzbetrag deckt beispielsweise im ETF-Handel der Market Maker, der die Preise stellt, die für ihn anfallenden Kosten.

> Der Spread ist die Differenz zwischen An- und Verkaufskurs und kann sowohl als absolute wie auch als relative Kennzahl berechnet werden.

Kosten entstehen dem Market Maker nicht nur bei der Creation resp. Redemption, sondern auch bei der Absicherung (neben den Basiswerten auch Währungen!) sowie beim Halten der ETF-Anteile (Managementgebühr). Massgebend für die Preisstellung sind zudem die Spreads der Basiswerte. Je liquider die Basiswerte, desto enger kann der Market Maker seine Preise stellen. Bei der Preisstellung wird der Market Maker auch die Position auf seinem Buch sowie Markterwartungen in seine Berechnungen mit einbeziehen.

Es gibt verschiedene Arten von Spreads, wobei hinsichtlich impliziter Transaktionskosten der prozentuale Spread die grösste Aussagekraft besitzt. Der prozentuale Spread lässt sich wie folgt berechnen:

Prozentualer Spread = absoluter Spread (Briefkurs–Geldkurs) × 100 / Briefkurs

Ein Beispiel illustriert sehr deutlich die für den Anleger anfallenden Spread-Kosten. ETF ABC, mit einem Wert von CHF 100.00, weist im Markt aktuell einen Geldkurs von CHF 99.00 und einen Briefkurs von CHF 101.00 auf. Der prozentuale Spread beträgt folglich (101.00–99.00) × 100 / 101 = 1,98%.

Auf Basis dieser Kursparameter muss der Kurs des Wertpapiers (ohne Berücksichtigung von Börsengebühren und Maklercourtagen) zunächst einmal rund 1% steigen, ehe das ETF-Investment den inneren (= tatsächlichen) Wert des Fonds erreicht hat. Ein Kursanstieg von 1,98% ist unter sonst gleichen Bedingungen (z.B. Volatilität, Zeitpunkt) die Voraussetzung, ehe der Anleger mit dieser ETF-Position in die Gewinnzone kommt.

Aus Investorenschutz sind alle Market Makers von SIX Swiss Exchange dazu verpflichtet, ihre Preisstellung innerhalb einer definierten Maximalspanne durchzuführen. Das Regelwerk für den maximalen Spread ist abhängig von der Anlageklasse (ETF auf Aktienmärkte, Anleihen, Geldmarkt oder Rohstoffe) und den Handelszeiten der Basiswerte.

7.   ETF-Marktteilnehmer

Der ETF-Markt besteht aus einer Vielzahl von Teilnehmern. Dabei agieren manche nur auf dem Primärmarkt, andere lediglich auf dem Sekundärmarkt und wenige auf beiden Märkten. In den folgenden Kapiteln stellen wir die wichtigsten Teilnehmer vor.

7.1   Teilnehmer im Primärmarkt

Der Primärmarkt ist kein organisierter und geregelter Markt. Es ist derjenige Markt, an dem Finanzprodukte emittiert werden.

Die Kapitalanlagegesellschaft, die ETF-Anteile ausgibt, ist der Emittent. Er alloziert und verwaltet das dem Fonds zufliessende Kapital und ist zentraler Treiber im Wertschöpfungsprozess von ETF. In rechtlicher Hinsicht (Art. 35 KAG) ist der Emittent, der die Fondsleitung innehat, vom Fondsvermögen abgesondert zu betrachten. Der Fonds wird als separiertes Sondervermögen betrachtet, weshalb im Insolvenzfalle des Emittenten der Investor einen Rechtsanspruch auf das von ihm erworbene Fondsvermögen geltend machen kann.

In der Schweiz unterstehen die Emittenten von ETF der Aufsicht der Eidgenössischen Finanzmarktaufsicht (FINMA). Jeder neue ETF, den die Kapitalanlagegesellschaft emittiert, muss zuvor von der Eidgenössischen Finanzmarktaufsicht (FINMA) genehmigt werden.

Der Emittent unterhält zudem Beziehungen mit sämtlichen relevanten Stellen wie beispielsweise den Indexanbietern, den Market Makers und auch den Börsen.

Nicht zuletzt zeichnet er auch für den Vertrieb und das Marketing der ETF verantwortlich.

> Jeder ETF, den eine Kapitalanlagegesellschaft in der Schweiz emittiert, muss zuvor von der Eidgenössischen Finanzmarktaufsicht (FINMA) genehmigt werden.

In den allermeisten Fällen ist es auch der Emittent (oder eine Tochtergesellschaft), der das Fondsmanagement innehat. Nur in seltenen Fällen wird das Fondsmanagement externen Stellen abgetreten.

Der ETF-Fondsmanager ist verantwortlich für die Handelstechnik des ETF. Er legt fest, zu welchen Kosten und Konditionen der ETF angeboten und welche Nachbildungsform gewählt wird. Da der ETF-Fondsmanager ein passiver Manager (auch Indexer genannt) ist, ist sein Ziel nicht die Generierung einer Outperformance (Alpha) gegenüber der Benchmark, sondern die bestmögliche Abbildung des zugrundeliegenden Index.

Ziel eines ETF-Fondsmanagers ist nicht die Generierung einer Outperformance, sondern die möglichst exakte Nachbildung eines Index.

Er verarbeitet Zins- und Dividendenerträge und passt die Fondszusammenstellung entsprechend dem Index an. Dabei muss er bei sämtlichen Aktienwerten den Corporate Actions, wie beispielsweise Kapitalerhöhungen, Kapitalherabsetzungen, Aktientausch oder auch Aktiensplits, Sorge tragen und sie berücksichtigen.

Auch die in regelmässigen Abständen (häufig quartalsweise) durchgeführten Indexanpassungen muss der Fondsmanager für die möglichst exakte Nachbildung beachten.

Market Makers sind für den Handel der Exchange Traded Funds unabdingbar und übernehmen eine sehr wichtige Rolle in der Zurverfügungstellung von Liquidität. Auch sind sie diejenigen Marktteilnehmer, die nach vertraglicher Vereinbarung mit dem Emittenten den Creation-/Redemption-Prozess (siehe Kapitel 11) durchführen können.

Market Makers übernehmen eine zentrale Rolle in der Bereitstellung von Liquidität im ETF-Markt.

Market Makers an SIX Swiss Exchange unterzeichnen einen Vertrag, in dem sie sich dazu verpflichten, fortlaufend verbindliche Kauf- und Verkaufspreise mit einem definierten Mindestvolumen zu stellen, und dies während der gesamten Börsenzeiten mit einer Erfüllungsquote von 90 % auf monatlicher Basis.

Zudem muss der Market Maker an SIX Swiss Exchange qualitativ gute Spreads stellen. Denn je enger der Spread, desto kleiner sind die impliziten Transaktionskosten für den Investor. Um die Anleger zu schützen, hat die Eidgenössische Finanzmarktaufsicht (FINMA) in der Schweiz maximale Abweichungen des Geld-/Briefkurses definiert, innerhalb deren die vom Market Maker übermittelten Quotes gestellt sein müssen. Diese Qualitätskriterien werden von der Börse überwacht.

7.2   Teilnehmer im Sekundärmarkt

Investoren (oder Anleger) treten als institutionelle oder private Kapitalmarktakteure auf. Institutionelle Anleger sind in der Regel kapitalstarke Unternehmen wie Banken, Versicherungen, Pensionskassen, Industrieunternehmen, Investmentgesellschaften oder auch der Staat. Private Anleger sind natürliche Personen, die selbstentscheidend oder über einen Anlageberater ihre Investitionen tätigen.

Beide Gruppen können ETF kaufen und verkaufen, indem sie über ihre Bank oder ihren Broker Aufträge an die Börse übermitteln.

Für institutionelle Kunden, die grosse Volumen in ETF anlegen, besteht zudem die Möglichkeit, ETF im ausserbörslichen Handel (auch: OTC-Geschäft) direkt beim **Market Maker** zu handeln. Hierbei wird der Kurs für den ETF zwischen den beiden Vertragspartnern verhandelt und anschliessend an die Börse rapportiert.

Banken und **Broker** sind sogenannte Finanzintermediäre und besitzen Effektenhändlerstatus. Sie sind Teilnehmer (Mitglieder) an der Börse und übermitteln die Aufträge der privaten und institutionellen Investoren gegen eine Courtage an die Börse.

8.   Basiswerte/Underlyings

Die Erfolgsgeschichte der Exchange Traded Funds folgt der Evolution von Indizes. Ohne Indizes gäbe es keine ETF, denn in den allermeisten Fällen repliziert ein ETF einen Index und versucht ihn 1:1 nachzubilden. Der Investor erhält somit einen einfachen Zugang zur passiven Partizipation an einer durchschnittlichen Wertentwicklung eines bestimmten Marktes.

Index ist jedoch nicht gleich Index. Heutzutage gibt es eine Vielzahl an Indexprodukten, die sich in Sachen Anlagestrategie, Anlageklasse, aber auch Berechnung erheblich unterscheiden. Es ist daher für den Investor sehr ratsam, dass er sich vor einem Investment über Zusammensetzung, Ziele, Performance und Risiken des entsprechenden Index informiert. Auch deshalb, weil es Indizes geben kann, die in dieselbe Anlageregion investieren, sogar ähnliche Namen haben, letztlich aber dennoch komplett verschieden sind hinsichtlich ihrer Risiko-Rendite-Struktur.

8.1   Indexdefinition

Ein Index ist eine statistische Kennzahl, die einen Korb voller bewerteter Finanzinstrumente wiedergibt. Die meisten Indizes sind Aktienindizes. Hier stellt der publizierte Indexkurs den zu aktuellen Preisen bewerteten Aktienkorb dar. In der Regel sind dies ausgewählte Aktien eines Landes, einer Region oder auch eines Sektors. Gerade Länder oder Sektorenindizes werden häufig als Wirtschafts-, Markt- oder Stimmungsbarometer interpretiert. Steigt beispielsweise der Schweizer Aktienindex SMI®, so deutet dies auf eine gute Konjunktur der helvetischen Volkswirtschaft hin.

Ein Index ist eine statistische Kennzahl, die einen Korb voller bewerteter Finanzinstrumente wiedergibt.

Neben Aktienindizes können Indizes – sowohl in Rein- als auch als Mischform – aus anderen Anlageklassen wie Rohstoffen, Anleihen, Zertifikaten, Fonds, Hedge Funds oder auch Devisen bestehen.

Investoren können nie direkt einen Index kaufen, sondern müssen immer auf künstliche Produkte wie ETF oder Indexzertifikate zurückgreifen.

Als Indexanbieter treten neben Börsen auch spezialisierte Indexanbieter, Banken oder Ratingagenturen auf.

Abb. 2: SMI® Indexzusammensetzung per Ende 2009

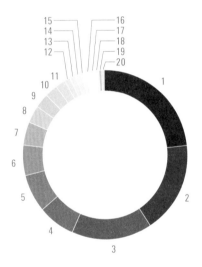

	Unternehmen	Gewicht %		Unternehmen	Gewicht %
1	Nestlé N	23,39726	11	Swiss Re N	2,18062
2	Novartis N	17,69562	12	Swisscom N	1,12679
3	Roche GS	15,77147	13	Synthes N	1,07907
4	UBS N	7,29221	14	Swatch Group I	1,03137
5	CS Group N	7,09381	15	Julius Baer N	0,9599
6	ABB Ltd N	5,91549	16	SGS N	0,92938
7	Zurich Financial N	4,26308	17	Adecco N	0,89233
8	Syngenta N	3,51159	18	Actelion N	0,84346
9	Holcim N	2,75063	19	Lonza N	0,4933
10	Richemont	2,31496	20	Swiss Life Holding AG N	0,45757

Quelle: SIX Swiss Exchange

8.2   Möglichkeiten der Indexberechnung

Die Berechnung eines Index unterliegt in der Regel einem klar festgelegten Kriterienkatalog. Er kann sich jedoch in der Methodik von Index zu Index unterscheiden.

Nachfolgend stellen wir Ihnen eine Auswahl der drei wichtigsten Berechnungsweisen vor:

Preisgewichteter Index

Bei der preisgewichteten Berechnungsmethode werden die Aktienkurse aller Indexmitglieder aufsummiert und anschliessend durch die Anzahl der im Index befindlichen Mitglieder dividiert. Unternehmen mit einem hohen Aktienkurs haben folglich einen relativ grossen Einfluss auf den Indexwert, solche mit einem niedrigen Aktienkurs einen relativ kleinen. Beispiele für preisgewichtete Indizes sind der Dow Jones Industrial Average oder der Nikkei-225-Index.

Hauptkritikpunkte an dieser Berechnungsmethode sind die reine Preisbetrachtung und die Negierung der tatsächlichen Grösse resp. Marktkapitalisierung eines Unternehmens. Zusätzlich haben Aktiensplits einen enormen Einfluss auf den Indexkurs.

Folgendes Beispiel erläutert dies:
Betrachten wir exemplarisch die Unternehmen Lonza und ABB. Die Aktie Lonza wird am Markt mit rund CHF 80.00 bewertet, ABB mit rund CHF 20.00.

Bei einem preisbewerteten Index würde nun das Indexgewicht von Lonza um das Vierfache höher sein als das Gewicht von ABB. Die Kernfrage ist jedoch: Ist die Aktie von Lonza in der Realität wirklich viermal wertvoller resp. gewichtiger als jene von ABB?

Die Antwort lautet: nein. Denn neben der reinen Preisbetrachtung muss in Sachen Unternehmenswert, und damit auch Gewichtung, der Preis einer Aktie mit den jeweils ausgegebenen Aktien multipliziert werden.

Dies berücksichtigen Indizes, die nach Marktkapitalisierung gewichtet werden.

> Bei der preisgewichteten Berechnungsmethode werden die Aktienkurse aller Indexmitglieder aufsummiert und anschliessend durch die Anzahl der im Index befindlichen Mitglieder dividiert.

Marktkapitalisierungsgewichteter Index

Bei der marktkapitalisierungsgewichteten Berechnungsmethode wird der Indexkurs proportional zur Marktkapitalisierung gewichtet, wobei häufig der Free Float als Gleichungsparameter herangezogen wird, also diejenigen Aktien, die sich im freien Kassamarkthandel befinden.

Der Indexkurs wird nun durch das entsprechende Multiplizieren der Börsenkurse und der Anzahl im Streuverkehr befindlichen Aktien des jeweiligen Unternehmens berechnet.

Die meisten Indizes werden auf Grundlage dieser Methodik berechnet, da Aktiensplits keinen Einfluss auf den Indexwert haben. Dividendenausschüttungen beeinflussen marktkapitalisierungsgewichtete Indizes etwa gleich wie Indizes mit einer preisgewichteten Methodik.

Beispiele für marktkapitalisierungsgewichtete Indizes sind der Schweizer Marktindex SMI® oder auch der deutsche Aktienindex DAX®.

Führen wir das begonnene Beispiel fort:
Die Anzahl der im freien Kapitalmarkt gehandelten Lonza-Aktien beträgt rund 50 Mio., wohingegen sich rund 2,5 Mrd. Aktien von ABB im freien Kapitalmarkt im Umlauf befinden. Beide Unternehmen haben eine Free-Float-Quote von 100%.

Der Unternehmenswert beträgt nun (Preis × Anzahl Free-Float-Aktien) für Lonza rund CHF 4 Mrd. und für ABB rund CHF 50 Mrd.

Entsprechend dieser Kennzahl wird der marktkapitalisierungsgewichtete Index berechnet. Hierbei hätte dann das Unternehmen ABB den rund zwölffach höheren Einfluss auf einen Index als Lonza, was realistischer ist.

Gleichgewichteter Index

Eine weitere Methodik ist der gleichgewichtete Ansatz. Alle Aktien eines Index beginnen mit der gleichen Gewichtung. Mit zunehmender Dauer und Veränderung der Aktienkurse verändert sich die Gewichtung der einzelnen Aktien. Auf Basis eines klar definierten Kriterienkatalogs gibt es in regelmässigen Abständen eine Zurücksetzung auf das gleichmässige Ursprungsverhältnis.

> Bei der marktkapitalisierungsgewichteten Berechnungsmethode wird der Indexkurs proportional zur Marktkapitalisierung gewichtet.

> Bei der gleichgewichteten Berechnungsmethode beginnen alle Aktien eines Index mit der gleichen Ausgangsgewichtung.

Fundamentale Indizes

Weitere Indexberechnungen kommen Stück um Stück hinzu. Es handelt sich um Berechnungen, die auf fundamentale Kriterien und Kennzahlen zurückgreifen. Dies können Cashflow, Kurs-Gewinn-Verhältnis, Rentabilität, Dividendenstärke, Umsatz und Buchwert sein.

Diese fundamentalen Modelle eröffnen neue Investmentlösungen für ETF, die auf quantitativ-dynamisch berechnete Indizes ausgegeben werden.

8.3   Kurs- vs. Performanceindex

Ein weiteres grundsätzliches Unterscheidungsmerkmal bei Indizes ist die Art der Dividendenbehandlung. Man unterscheidet zwischen Kursindizes (auch Preisindizes) und Performanceindizes (auch: Total-Return-Indizes).

Bei **Kursindizes** werden zur Berechnung des Indexwerts lediglich die reinen Kurse verwendet. Folglich kommt es an den Tagen, an denen eine Aktie des Index ex Dividende gehandelt wird, zu Kursabschlägen.

Im Gegensatz dazu berücksichtigt der **Performanceindex** sämtliche Dividenden, Bezugsrechtserträge oder auch Zinsen. Er gibt sozusagen den Aktienkurs inkl. aller «Erträge» wieder und wird deshalb häufig auch als Total-Return-Index ausgewiesen.

Kurz: Performanceindex = Kursindex + Erträge

Der Schweizer Marktindex SMI® ist ein Vertreter des Kursindex, wohingegen der deutsche Aktienindex DAX® ein Performanceindex ist.

Nachfolgende Grafik veranschaulicht die unterschiedliche Entwicklung des SMI®, dargestellt als Kursindex (blau) und Performanceindex (grün).

Abb. 3: Performancevergleich SMI®, Kurs- vs. Performanceindex 01.01.2000 – 30.12.2009

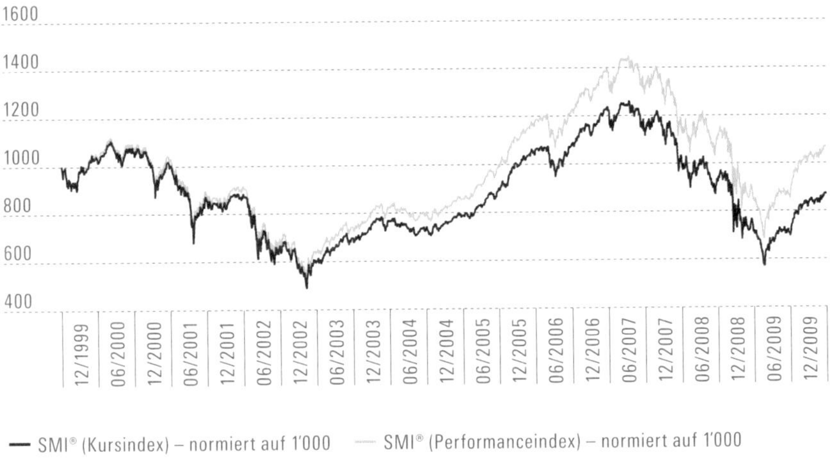

— SMI® (Kursindex) – normiert auf 1'000   — SMI® (Performanceindex) – normiert auf 1'000

Quelle: SIX Swiss Exchange

8.4 Indexarten

Das globale Indexuniversum ist riesig. Es existieren Zehntausende von Indizes, die in unterschiedlichster Art und Weise Anlagemöglichkeiten bieten.

In den nachfolgenden Kapiteln werden einige Hauptkategorien an Indexarten vorgestellt. Dabei wird das Augenmerk ausschliesslich auf Aktienindizes gelegt.

Wichtig zu wissen ist, dass die nachfolgende Einteilung nicht globale Gültigkeit hat, da sie von Anbieter zu Anbieter resp. auch von Emittent zu Emittent anders gehandhabt wird.

8.4.1 Gesamtmarktindizes

Gesamtmarktindizes werden auch als All-Share-Indizes oder Total-Market-Indizes bezeichnet. Typischerweise sind Indizes dieser Kategorie sehr breit aufgestellt und enthalten nicht selten alle existierenden Aktienwerte eines Marktes bzw. eines Teilmarktes.

In der Schweiz enthält der Swiss All Share Index als Gesamtmarktindex sämtliche Aktien der Schweiz und des
Fürstentums Liechtenstein.

Abb. 4: Übersicht der Aktienindexstruktur von SIX Swiss Exchange

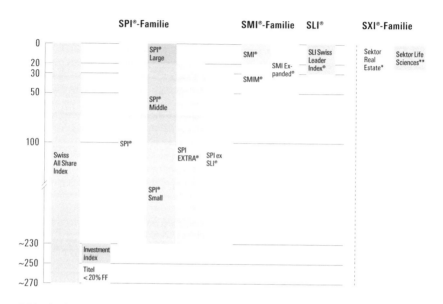

* Sektor Real Estate: SXI Real Estate®, SXI Real Estate® Shares, SXI Real Estate® Funds, SXI Swiss Real Estate®,
  SXI Swiss Real Estate® Shares, SXI Swiss Real Estate® Funds

** Sektor Life Sciences: SXI Life Sciences®, SXI Bio+Medtech®

Quelle: SIX Swiss Exchange

Handelt es sich bei Indizes nicht um Gesamtmarktindizes,
spricht man von Auswahlindizes. Die nachfolgend vorgestellten
Indizes sind ausschliesslich dieser Kategorie zuzuschreiben.

8.4.2 Branchenindizes

Wie es der Name schon sagt, werden in Branchenindizes
Aktien einer bestimmten Industriegruppe oder eines Markt-
sektors zusammengefasst. Die Unternehmensauswahl kann
dabei auf eine Volkswirtschaft begrenzt oder internationaler
Natur sein.

In der Regel weisen die Titel von Branchenindizes eine höhere Korrelation auf als die meisten anderen Indizes. Vergleicht man beispielsweise einen Branchenindex, der ausschliesslich Aktien von Banken umfasst, mit einem Gesamtmarktindex, so ist anzunehmen, dass der Bankenindex im Rahmen der Finanzkrise 2008 weitaus mehr Prozentpunkte verloren hat als der Gesamtmarktindex. Letzterer enthält neben Banken beispielsweise zusätzlich Unternehmen aus den Branchen Telekommunikation, Nahrungsmittel, Chemie etc.

Die Titelauswahl für Branchenindizes fokussiert sich auf relativ homogene Unternehmen (in Bezug auf ihre Geschäftstätigkeit), was zur Folge hat, dass die originäre Diversifikationsstärke bei Indizes darunter leidet.

> Branchenindizes fassen Aktien einer bestimmten Industriegruppe oder eines Marktsektors zusammen und weisen daher in der Regel eine höhere Korrelation der Indexkomponenten auf als die meisten anderen Indizes.

8.4.3 Regionenindizes

Wirtschaftsräume, die über nationale Grenzen hinausgehen, werden mit Regionenindizes abgebildet. Dabei werden in der Regel Aktien verschiedener Volkswirtschaften zu einem Aktienkorb zusammengefasst.

Neben den etablierten Wirtschaftsräumen wie Nordamerika oder Europa gibt es insbesondere in aufstrebenden Märkten eine Vielzahl von Regionenindizes. Gerade dort, wo direkte Länderinvestments risikoreich sind, spielen Regionenindizes ihre Stärke aus. Hier sorgen sie für die nötige Diversifikation, um nicht von der Performance eines einzelnen Landesbaskets abhängig zu sein.

8.4.4 Size-Indizes

Size-Indizes richten sich in ihrer Komponentenauswahl rein nach dem Grössenkriterium der Marktkapitalisierung.

Die Unterteilung von Size-Indizes ist wie folgt: Es gibt Unternehmen mit geringer Marktkapitalisierung (Small Caps), solche mit mittlerer Marktkapitalisierung (Mid Caps) und solche mit grosser Marktkapitalisierung (Large Caps).

Ein Small-Caps-Index enthält eine hinsichtlich Marktkapitalisierung homogene Gesamtheit an Unternehmen. Analog verhält es sich bei Mid-Caps- oder Large-Caps-Indizes.

8.4.5 Strategieindizes

Strategie ist in Hinsicht auf Indizes ein schwer zu definierender Begriff. Letztlich hat jeder Index eine Strategie – und sei es diejenige, einen Gesamtmarkt abzubilden.

Es muss also eine engere Definition geben, um diesen Indextypus zu beschreiben.

Strategieindizes sind Indizes, deren Komponentenauswahl neben der Marktkapitalisierung umfangreichere Parameter eines Unternehmens zugrunde liegen. Beispiele hierfür sind Indizes mit einer Dividendenstrategie, einer Wachstumsstrategie oder auch einer Value-Strategie.

Indizes, die eine Dividendenstrategie verfolgen, umfassen diejenigen Unternehmen eines bestimmten Marktes (oder einer Region), welche die höchste Dividende ausschütten.

Dabei kann sich die Gewichtung innerhalb des Index nach der Höhe der Nettodividende richten, d.h., das Unternehmen mit der höchsten Nettodividende stellt die gewichtigste Aktie des Index. Häufig gibt es auch eine Art Track-Record-Kriterium im Sinne einer vergangenheitsbetrachtet erforderlichen positiven Wachstumsrate für die Dividende über einen bestimmten Zeitraum.

Analog verhält sich die Zusammensetzung bei Indizes, die eine Wachstumsstrategie oder auch eine Value-Strategie verfolgen. Als Kriterien werden dabei weitere fundamentalanalytische Kenngrössen (isoliert oder in Kombination) zur Komposition herangezogen. Dies können u.a. Kurs-Buch-Verhältnis, Kurs-Gewinn-Verhältnis, Kurs-Cashflow-Verhältnis oder auch der Gewinn je Aktie sein.

Es gibt keine pauschale Vorgehensweise, weshalb sich ein Blick auf das jeweils vom Indexanbieter zur Verfügung gestellte Factsheet lohnt.

> Strategieindizes sind Indizes, deren Komponentenauswahl zusätzlich zur Marktkapitalisierung mit umfangreicheren, weiteren Parametern, wie beispielsweise betriebswirtschaftlichen Kennzahlen eines Unternehmens, berechnet wird.

8.4.6 Exkurs: Leverage-Indizes / Short-Indizes

Ursprünglich wurden Indizes dafür entwickelt, Investoren einen einfachen und effizienten Zugang zu einem diversifizierten Aktienkorb zu gewähren. Es waren Produkte, die darauf abzielten, dass Anleger an steigenden Kursen des Index (und somit eines Landes, einer Region oder eines Sektors) partizipieren können.

Neben den in den vergangenen Kapiteln beschriebenen Indizes, die sich grösstenteils hervorragend für eine Buy-and-Hold-Strategie eignen, sind in jüngster Vergangenheit weitere Indizes lanciert worden, die ihre Stärken insbesondere im kurzfristigen Anlagehorizont ausspielen und für kurzfristig agierende und risikofreudige Investoren interessante Portfoliobausteine sind. Prominenteste Vertreter dieser Kategorie sind die sogenannten Hebelindizes oder auch Leverage-Indizes.

Diese Kategorie von Indizes wurde von der Presse öfters als risikoreich dargestellt. Doch Leverage-Indizes stellen per se kein Risiko dar. Sie verfügen ebenso wie alle anderen Indizes über ein fundiertes Regelwerk. Das Risiko des Anlegers kommt bei Leverage-Indizes vielmehr aus der mangelnden Kenntnis der Funktionsweise.

SIX Swiss Exchange tritt neben dem Betrieb der Börse unter anderem auch als Indexanbieter auf. In ihrem Indexportfolio sind aktuell die folgenden Modelltypen der Kategorie Leverage-Indizes: Short (Hebel –1), Leverage (Hebel +2) und Short Leverage (Hebel –2). Andere Indexanbieter berechnen bereits auch höhere Hebelfaktoren.

Leverage-Indizes mit einem Hebel von 2 bescheren dem Investor die doppelte Rendite des Leitindex. Mit Short-Indizes (Hebel –1) können Anleger von sinkenden Kursen profitieren, denn diese Indexkategorie bildet den Leitindizes 1:1 invers, d.h. achsenspiegelnd, ab. Noch stärker kann der Investor von fallenden Kursen profitieren, wenn er in einen Short-Leverage-(Hebel –2)-Index anlegt. Hierbei erhält er bei fallenden Kursen des Leitindex die doppelte inverse Rendite zurück.

Wichtig zu wissen ist hierbei allerdings, dass sich das Versprechen des Index ausschliesslich auf Tagesbasis erstreckt, da sich Renditen über eine lange Zeit nicht multiplizieren, sondern pfadabhängig sind. Das Risiko hingegen, gemessen an den Volatilitäten der Basisindizes und der Hebelstrategieindizes, spiegelt sehr genau die Hebelwirkung. Dies muss vor dem Investment in einen solchen Index unmissverständlich klar sein.

Berechnung mit Hebel- und Zinskomponente

Um die Funktionsweise eines Short-Index am Beispiel des SMI®
Short zu erläutern, gehen wir davon aus, dass ein Anleger
CHF 1'000 mit der Absicht investiert, invers an der Kursentwicklung des SMI®, also mit einem Hebel von –1, zu partizipieren. Dies führt er durch, indem er einen ETF auf den SMI®
Daily Short kauft, bei dem der Fondsmanager die Indexnachbildung stellvertretend für den Investor übernimmt. Zu den vom
Investor erhaltenen CHF 1'000 verkauft der Fondsmanager
zusätzlich den SMI®-Indexkorb in Höhe von CHF 1'000 leer. Den
nun gehaltenen Bargeldbestand von CHF 2'000 (Investitions-
kapital und Erlös aus Leerverkauf) legt er am Geldmarkt zum
aktuellen Overnight-Zins an. Der negative Hebel wird durch die
Veränderung des Werts der Leerposition erzielt. Der SMI® Daily
Short setzt sich also zusammen aus der Hebelkomponente
zuzüglich des auf dem angelegten Kapital erzielten Zinsertrags.

Bei einem Leverage-Index (am Beispiel des SLI® Daily Leverage)
mit Hebel +2 investiert der Fondsmanager die vom Investor
erhaltenen CHF 1'000 sowie zusätzlich kreditfinanziert weitere
CHF 1'000 in den SLI®, was ihn zweifach positiv an der Entwicklung des SLI® partizipieren lässt. Bei der Berechnung des
SLI® Daily Leverage müssen nun neben der Hebelkomponente
noch die Zinskosten für den kreditfinanzierten Aktienkauf in
Abzug gebracht werden.

Rendite und Risiko

Obschon Short- und Leverage-Varianten Leitindizes mit einem
bestimmten Hebel auf täglicher Basis abbilden, können lang-
fristige Renditen nicht mit dem entsprechenden Faktor multipliziert werden. Ein Blick auf den SMI® Leverage über die letzten fünf Jahre zeigt dies deutlich. Während der SMI® eine
Performance von 5,37 % p.a. aufweist, weicht der SMI® Daily
Leverage mit 5,22 % p.a. deutlich von der doppelten Rendite
des SMI® ab und liefert gar weniger als der Basiswert. Starten
beispielsweise sowohl SMI® wie auch SMI® Daily Leverage bei
100 Indexpunkten, so betragen die Indexstände nach zwei
Handelstagen von jeweils +5 % 110,25 respektive 121 Punkte
(Zinseffekte nicht berücksichtigt). Die Zweitagesrenditen von
10,25 % für den SMI® und 21 % für den SMI® Daily Leverage
zeigen deutlich, dass die Rendite des SMI® Daily Leverage an
jedem der zwei Tage genau 2 × 5 % beträgt, der Multiplikator
über den ganzen Betrachtungszeitraum jedoch nicht 2, sondern

2,05 (21% dividiert durch 10,25%) beträgt. Was sich in steigenden Märkten zusätzlich positiv auswirkt, birgt in fallenden
Märkten die Gefahr einer negativen Performance, die über den
Multiplikator von 2 hinausgeht. Das Gesamtrisiko hingegen,
gemessen an der Volatilität von SMI® und SMI® Daily Leverage,
spiegelt sehr genau die Hebelwirkung. Die annualisierte Volatilität des SMI® beträgt über die letzten fünf Jahre rund 15%,
beim SMI® Daily Leverage rund 36%.

Tab. 3: Jahresrendite 2009 und Fünfjahresrenditen der SMI®- und SLI®-Indexfamilien

	Basiswert	Leverage	Short	Short Leverage
Renditen 2009				
SMI® Swiss Market Index (TR)	22,09%	43,10%	−21,31%	−40,58%
SLI® Swiss Leader Index (TR)	30,26%	59,84%	−27,64%	−50,71%
Renditen über 5 Jahre				
SMI® Swiss Market Index (TR)	5,37%	5,22%	−7,04%	−18,18%
SLI® Swiss Leader Index (TR)	7,04%	7,74%	−9,18%	−22,48%

Quelle: SIX Swiss Exchange

Schutz vor untertägigem Totalverlust

Der SMI® Short Leverage partizipiert an der Tagesrendite des
SMI® mit einer Hebelwirkung von −2. Bei einer Tagesperfor-
mance von +50% müsste der SMI® Short Leverage eine Veränderung von −100% erfahren. Um das Risiko eines Total
verlusts einzuschränken, tritt bei einer untertägigen Veränderung des Basisindex von +25% ein Schutzmechanismus in
Kraft. Dabei wird der Indexstand des SMI® vor Erreichen der
25%-Schwelle als neuer Referenzwert für den SMI® Short
Leverage herangezogen, was der Simulation eines neuen Handelstages entspricht. Steigt der SMI® untertägig noch weiter
in die Gewinnzone, so flacht sich die negative Tagesrendite des
SMI® Short Leverage ab, und die Gefahr eines Totalverlusts
sinkt. Für Short-(Hebel −1)- und Leverage-(Hebel +2)-Indizes
bestehen ebenfalls entsprechende Schutzmechanismen.

Finanzprodukte für den kurzfristig orientierten Anleger

Short- und Leverage-Indizes bilden Tagesrenditen von Leitindizes mit einer Hebelwirkung ab. Während die Volatilitäten
der Hebelwirkung folgen, entsprechen Renditen über einen
längeren Zeitraum nicht dem gleichen Faktor, sondern hangen
sehr stark vom Verlauf des Leitindex ab (pfadabhängig). Aufgrund ihrer Methodologie sind Short- und Leverage-Indizes für
den kurzfristig orientierten Investor und nicht für eine Buy-and-
Hold-Strategie geeignet. Für den gut informierten Anleger, der
mit der Funktionsweise und den Eigenheiten vertraut ist, bieten
Produkte auf die neuen Strategieindizes von SIX Swiss Exchange
interessante Möglichkeiten, gehebelt in die bekannten Schweizer Leitindizes zu investieren.

Abb. 5: Hebelstrategien SMI® Swiss Market Index (TR), Chart auf Monatsbasis

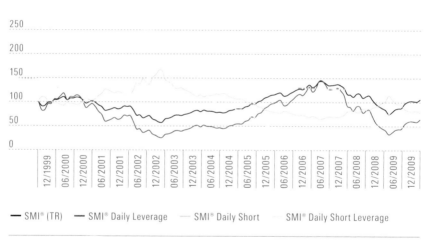

— SMI® (TR)   — SMI® Daily Leverage   — SMI® Daily Short   SMI® Daily Short Leverage

Quelle: SIX Swiss Exchange

Basiseffekt bei Leverage-Indizes

Tabelle 4 zeigt die Unterschiede in der Entwicklung eines fiktiven
Leitindex mit einem dazugehörigen Leverage-Index (Hebel +2)
in drei verschiedenen Szenarien.

Leitindex

Der Basiseffekt bewirkt in einem stetig steigenden Markt (Szenario 1), dass die Gesamtrendite über einen Zeitraum grösser ist als die Summe der täglichen Indexrenditen. Während zwei aufeinanderfolgende Tagesrenditen in Höhe von +10% dank des Basiseffekts eine Gesamtrendite von +21% generieren, beträgt die Summe der beiden Tagesrenditen lediglich +20%.

Gleiches gilt für einen stets fallenden Markt (Szenario 2). Während zwei aufeinanderfolgende Tagesrenditen in Höhe von –10% in Summe –20% ergeben, resultiert die Gesamtrendite aufgrund des Basiseffekts in einem weniger negativen Ergebnis, konkret –19%.

Ein volatiles Umfeld, in dem der Leitindex am ersten Tag steigt und am zweiten Tag fällt, kann hingegen ein anderes Bild aufzeigen. Im beschriebenen Beispiel nivelliert sich die Summe der zwei aufeinanderfolgenden Tagesrenditen, während der Basiseffekt eine Gesamtrendite von –1% ergibt. Folglich liefert die Tagessumme ein besseres Ergebnis, als es in der Tat der Fall ist.

Leverage-Index

Selbstverständlich verhält sich der Leverage-Index mit Hebel 2 mathematisch gesehen genau gleich wie der Leitindex ohne Hebel, der lediglich eine einfache Rendite generiert. Der Unterschied jedoch liegt in der Einflussstärke des Basiseffekts. Kurz gesagt: gleiches Verhalten, grössere Ausprägung.

Der Basiseffekt am Beispiel des Leverage-Index zeigt auf, dass die generierten positiven oder negativen Renditen viel schneller und mit einer grösseren Ausprägung erzielt werden.

Ein Blick auf das Szenario 1 belegt dies. Während zwei aufeinanderfolgende Tagesrenditen von +20% in der Summe 40% ergeben, bewirkt der Basiseffekt eine Gesamtrendite in Höhe von 44%. Die 4% sind hierbei die Auswirkungen des Basiseffekts. Deutlich wird, dass mit der Gesamtrendite von 44% mehr erwirtschaftet wird als die anzunehmende zweifache Rendite des Leitindex von 42% (2×21%).

Bei stetig fallenden Märkten (Szenario 2) verhält es sich wie folgt: Der Basiseffekt im Leverage-Index generiert weniger negative Renditen als die Multiplikation des Hebelfaktors 2 mit der Gesamtrendite des Leitindex. In Zahlen heisst dies: –36% (Leverage-Index-Gesamtrendite) < –19%×2 = –38% (zweifache Leitindexrendite).

Im dritten Szenario des volatilen Marktverhaltens kann der Basiseffekts zu geringeren Renditen führen als die zweifache Gesamtrendite des Leitindex. Der zweifach gehebelte Index steigt am ersten Tag zunächst 20 % (2 × 10 % Leitindex) und fällt dann am zweiten Tag um 20 % (2 × –10 % Leitindex). Dies ergibt eine totale Negativrendite in Höhe von –4 %, die stärker negativ ist als die zweifache Negativrendite des Leitindex von –2 % (2 × 1 %)

Fazit: Zeitraumbetrachtete Renditen können nicht multipliziert werden. Die versprochenen Hebelrenditen sind lediglich auf Tagesbasis erzielbar.

Tab. 4: Basiseffekte bei Leverage-Indizes

Ausgangslage: Indexstand bei 100 Punkten

	Leitindex		Leverage-Index	
	Indexrendite in %	Indexrendite in Punkten	Indexrendite in %	Indexrendite in Punkten
Szenario 1: Aufwärtstrend				
Rendite Tag 1	10 %	10	20 %	20
Rendite Tag 2	10 %	11	20 %	24
Gesamtrendite	21 %	21	44 %	44
Szenario 2: Abwärtstrend				
Rendite Tag 1	–10 %	–10	–20 %	–20
Rendite Tag 2	–10 %	–9	–20 %	–16
Gesamtrendite	–19 %	–4	–36 %	–36
Szenario 3: Volatiler Trend				
Rendite Tag 1	10 %	10	20 %	20
Rendite Tag 2	–10 %	–11	–20 %	–24
Gesamtrendite	–1 %	–1	–4 %	–4

Quelle: SIX Swiss Exchange

9.   Nachbildungsmöglichkeiten

Um dem Ziel eines jeden ETF, nämlich der möglichst exakten Nachbildung eines bestimmten Index, gerecht zu werden, gibt es verschiedene Möglichkeiten der Nachbildung. Wie in einem konkreten Fall die Nachbildung durchgeführt wird, ist dem jeweiligen Jahresbericht des ETF zu entnehmen.

9.1   Vollständige Indexnachbildung

Die vollständige Indexnachbildung (auch Full-Replication-Methode) gehört in die Kategorie der physischen Nachbildung. Dabei werden sämtliche Aktien des zugrundeliegenden Index in exakter Gewichtung gekauft und in den Aktienkorb integriert.

Je breiter der Index, desto mehr Aktien müssen gekauft werden. Während beim Schweizer Marktindex SMI® lediglich 20 Titel gekauft werden müssen, stehen dem bei dem von Standard & Poor's berechneten S&P-500-Index auf den US-Markt ganze 500 Titel gegenüber.

Neben dem Vorteil, dass der Tracking Error bei der Full Replication relativ gering ist, treten bei dieser Methodik aber auch Probleme auf:

So zum Beispiel die Tatsache, dass die Indexkomponenten rein mathematisch betrachtet praktisch nie als ganze Zahlen berücksichtigt werden. Komponentenanteile sind auf dem Papier fast zu 100% mit Dezimalstellen berechnet. Branchenüblich ist, dass Kommastellen abgerundet werden und das übrige Geld als Cashkomponente gehalten wird.

Auch Dividendenausschüttungen führen zu einer Erhöhung der Cashkomponente, da die Reinvestition in den Index auf der einen Seite oder die Auszahlung an den Investor auf der anderen Seite nicht auf täglicher Basis geschieht. Dividendenaus-

> Die vollständige Indexnachbildung gehört in die Kategorie der physischen Nachbildung, bei der sämtliche Aktien des zugrundeliegenden Index in exakter Gewichtung gekauft und in den Aktienkorb integriert werden.

zahlungen des ETF werden üblicherweise quartals- oder semesterweise durchgeführt.

Ein zweiter Punkt sind die Transaktionskosten. Je breiter der Index ist resp. je mehr Titel vom Portfoliomanager gekauft werden müssen, desto höhere Transaktionskosten fallen an. Auch bei Indexmutationen im Sinne von Neuaufnahmen oder der Streichung gewisser Titel aus dem Index muss der Portfoliomanager Transaktionen durchführen. Die dafür anfallenden Kosten werden dem Investor im Regelfall über die Managementgebühr weiterverrechnet und schmälern seine Rendite.

Auch gibt es Regionen, in denen der Marktzugang für den Fondsmanager limitiert, erschwert oder gar unmöglich ist. Hierbei eignet sich die vollständige Nachbildung nur mässig oder überhaupt nicht.

Letzter Punkt ist die Liquidität. Bei Anwendung der Full-Replication-Methode sollte gewährleistet sein, dass die Aktien des zugrundeliegenden Index über eine ausreichende Liquidität verfügen. Würde z.B. ein relativ illiquider Titel in einen bestimmten Index aufgenommen, der als Basiswert für einen ETF dient, wäre eine anteilige Anpassung des Aktienkorbes die Folge. Investiert der Fonds daraufhin einen Teil des Fondsvermögens in diese illiquide Aktie, so führt dies zu indirekten Kosten aufgrund von Kursbeeinflussung.

Abb. 6: Auf einen Blick: Vollständige Indexnachbildung

Nachzubildender Index	Umsetzung durch den Fondsmanager	Fondsportolio

Aktienindex

– der ETF-Fondsmanager investiert 1:1 in die Titel des nachzubildenden Index

– sämtliche Kapitalereignisse werden direkt im Fondsportfolio umgesetzt

Aktien aus Index

■ stark gewichteter Indextitel

■ mittel gewichteter Indextitel

▨ schwach gewichteter Indextitel

▨ sehr schwach gewichteter Indextitel

Vorteile
– sehr geringer Tracking Error
– äusserst transparent
– kein Gegenparteienrisiko innerhalb des Fonds

Nachteile
– nicht alle Anlageklassen abdeckbar
– nicht geeignet für breite Indizes

Ideale Anwendung
– liquide Indizes mit relativ wenig Indexkomponenten

Quelle: SIX Swiss Exchange

9.2   Sampling-Methoden

Bei der Nachbildung von Indizes existieren zwei Sampling-Methoden. Zum einen die Representative-Sample-Methode und zum anderen die Optimized-Sample-Methode. Beide Ansätze gehören ebenfalls in die Kategorie der physischen Abbildung.

Am einfachsten erklären sich die Sampling-Methoden anhand eines der breitesten und umfassendsten Indizes weltweit, des MSCI World. Dieser Index setzt sich aus über 1'700 Aktien-werten aus mehr als 20 Nationen zusammen. Allein schon der Aufwand für die Portfoliopflege und die Kosten für die durch-zuführenden Transaktionen lassen die Full-Replication-Methode unvorteilhaft erscheinen.

Aus diesem Grund greifen die Portfoliomanager auf Sam-pling-Methoden zurück. Im Gegensatz zur Full-Replication-Methode wird bei Sampling-Methoden nur eine Teilmenge aller Indexkomponenten gekauft. Dies geht zwar zulasten des Tracking Error, jedoch gewinnt der Investor im Regelfall einige Basispunkte in der Managementgebühr aufgrund geringerer administrativer und transaktionsbedingter Kosten.

Bei der **Representative-Sampling-Methode** werden die ge-wichtigsten und liquidesten Aktienwerte eines Index gekauft, leichtgewichtige und illiquide Titel werden vernachlässigt. Dies deshalb, weil die Performance eines Index von Schwergewich-ten getrieben wird. Sie sind unverzichtbar für die Nachbildung. Im Gegensatz dazu sind Titel mit einer prozentualen Gewich-tung von z.B. 0,0009 % nicht von entscheidender Bedeutung in Bezug auf die Indexperformance.

Welche Titel ausgewählt werden und welche nicht, ist ab-hängig vom Portfoliomanager. Neben der Gewichtung und der Liquidität spielen häufig auch Branche und Ländergewichtung eine Rolle in der Sampling-Auswahl.

Die **Optimized-Sampling-Methode** ist der Representative-Sampling-Methode ähnlich. Erstere basiert jedoch auf aus-geklügelten quantitativen Modellen. Mithilfe einer Vielzahl makro- und mikroökonomischer Daten wird unter Einbe-ziehung von innovativen Simulationen versucht, einen kleinen Korb voller Aktien zu finden, der die grösstmögliche Rendite mit dem geringstmöglichen Risiko verbindet und einen mög-lichst niedrigen Tracking Error aufweist. Diese Vorgehensweise entspricht dem Ansatz der modernen Portfoliotheorie.

Wie auch beim Representative-Sampling-Ansatz werden die am niedrigsten gewichteten und illiquiden Werte vernach-lässigt, um das Selektionsverfahren effizient und die Portfolio-zusammensetzung gebührenarm zu halten.

> Bei Anwendung der Sampling-Methoden wird durch den Fonds-manager nur eine Teil-menge aller Indexkom-ponenten gekauft. Man unterscheidet dabei zwischen Representative-Sam-pling-Methode und Optimized-Sampling-Methode.

Eine Faustregel, wie das Sampling abläuft, gibt es nicht. Dies
ist von Anbieter zu Anbieter unterschiedlich.

Abb. 7: Auf einen Blick: Sampling-Methode

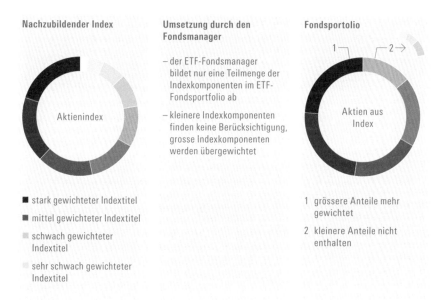

Nachzubildender Index

Aktienindex

■ stark gewichteter Indextitel

■ mittel gewichteter Indextitel

▨ schwach gewichteter
Indextitel

▨ sehr schwach gewichteter
Indextitel

**Umsetzung durch den
Fondsmanager**

– der ETF-Fondsmanager
bildet nur eine Teilmenge der
Indexkomponenten im ETF-
Fondsportfolio ab

– kleinere Indexkomponenten
finden keine Berücksichtigung,
grosse Indexkomponenten
werden übergewichtet

Fondsportolio

1   2→

Aktien aus
Index

1 grössere Anteile mehr
gewichtet

2 kleinere Anteile nicht
enthalten

Vorteile
– einfachere Fondsverwaltung
– geringere Transaktionskosten
– auf breite Indizes anwendbar

Nachteile
– leicht grösserer Tracking Error (zugunsten des Anlegers, wenn die grösseren Indexkomponenten eine
  bessere Rendite erwirtschaften als die kleineren; zu seinen Ungunsten im umgekehrten Fall)
– leicht intransparenter im Vergleich zur vollständigen Indexnachbildung

---

Ideale Anwendung
– breite Aktien- oder Anleihenindizes

Quelle: SIX Swiss Exchange

9.3   Synthetische Indexnachbildung

Neben den in den vorgehenden Kapiteln vorgestellten physischen Abbildungen von Indizes hat sich in den vergangenen Jahren auch eine weitere Methodik entwickelt, die sogenannte synthetische Nachbildung.

Dabei geschieht die Nachbildung des Index über den Einsatz von Swaps, also den Tausch von Zahlungsströmen in der Zukunft.

Das Konstrukt zur Gewährleistung eines möglichst idealen Index Tracking sieht eine kombinierte Investition in einen Wertpapierkorb und einen Indexswap vor. Der Swap fungiert dabei als Differenzerfüllungsgeschäft zwischen der Wertentwicklung des Wertpapierkorbes und der Indexentwicklung des Basiswerts.

Der ETF tauscht also die Performance der im Fonds befindlichen Wertpapiere (Aktien, Anleihen) gegen die Performance des dem ETF zugrundeliegenden Basiswerts (Index). Der ETF-Aktienkorb ist dabei nicht zwingend identisch mit dem Indexaktienkorb. Vielmehr wird Ersterer unter Berücksichtigung geringer Kosten und steuerlicher Optimierung sowie der Einhaltung gewisser gesetzlicher Vorgaben in Sachen Risikostreuung zusammengestellt. Der Inhalt des Fonds ist folglich weitestgehend losgelöst vom Inhalt des Index und wird in Zusammensetzung und Gewichtung im Jahresbericht veröffentlicht. Es kann sein, dass ein swapbasierter ETF auf den Schweizer Marktindex SMI® in seinem ETF-Aktienkorb auch französische, deutsche oder amerikanische Aktien enthält (analog Bereich Anleihen). Die Performance der Fondsaktien kann sich also gänzlich von der Performance des Index unterscheiden.

Dies passiert jedoch **nicht** auf Stufe des Investors. Der Investor erhält ein nahezu ideales Tracking dadurch, dass sich der Swapkontrahent des ETF vertraglich verpflichtet, die Indexperformance des ETF-Basiswerts auf täglicher Basis bereitzustellen. Entscheidend für den Anleger ist, dass die Performance des zugrundeliegenden Index auch wirklich «getrackt» wird. Und dies ist bei Swaplösungen aufgrund des vertraglich zugesicherten Performanceaustauschs absolut der Fall.

Der Investor erhält, was er will (d.h., der ETF «trackt», was er verspricht), auch wenn die im Hintergrund stattfindende Konstruktion gänzlich anders aussehen kann.

Bei der synthetischen Indexnachbildung investiert der ETF in einen breit diversifizierten Aktienkorb, der im Minimum 90% des Fondsvermögens ausmacht und vom abzubildenden Index abweichen kann. Der ETF tauscht die Performance der im Fonds befindlichen Wertpapiere über einen Swap gegen die Performance des dem ETF zugrundeliegenden Basiswerts.

Die Gegenpartei des ETF ist in nahezu allen Fällen die zugehörige Investmentbank der Fondsgesellschaft. Dies muss nicht zwingend sein, ist aber in der Praxis am häufigsten der Fall.

Die grafische Darstellung der synthetischen Nachbildung eines Aktienindex sieht wie folgt aus:

Abb. 8: Grafische Darstellung der Funktionsweise einer synthetischen ETF-Nachbildung

Quelle: SIX Swiss Exchange

Folgendes Beispiel zeigt, wie swapbasierte ETF funktionieren:

Ausgangslage:
- Referenzaktivum: Aktienindex
- Sicherungsgeber (Risikonehmer) = ETF-Fondsgesellschaft
- Sicherungsnehmer (Risikogeber) = Investmentbank
- Basiswert: CHF 100.00

Die Managementgebühr wird aus Vereinfachungsgründen negiert.

Erstinvestition

Die ETF-Fondsgesellschaft investiert das Fondsvermögen in Höhe von CHF 100.00 vollständig in einen rendite-/risiko-optimierten Aktienkorb. Der Nettoinventarwert des ETF ist zu diesem Zeitpunkt CHF 100.00, der Wert des Swap CHF 0.00. Am ersten Haltetag steigt der Basiswertindex um 4% auf CHF 104.00. Im selben Zeitraum steigt der Aktienkorb, in den die ETF-Gesellschaft investiert hat, nur um 2%, was einen Gesamtwert von CHF 102.00 zur Folge hat. Der Swap hat nun einen Wert von CHF 2.00, nämlich die Differenz des Aktienindex zum ETF-Aktienkorb (CHF 104.00 – CHF 102.00). Der am Abend durch die Fondsgesellschaft veröffentlichte Nettoinventarwert (NAV) beträgt CHF 104.00, als Summe von Fondsvermögen und Swap. Damit ist die Gleichung exakt ausgeglichen: ETF-Aktienkorb + Swap = Wert des Index. Dem Investor ist hinsichtlich des Werts seiner Anlage also kein Nachteil entstanden. Der prozentuale Anteil des Swap am Fondsvermögen beträgt zu diesem Zeitpunkt 1,92%.

In periodischen Abständen (täglich, wöchentlich, je nach Anbieter) oder aber zwingend, wenn der Swap den maximalen Anteil von 10% erreicht hat, zahlt die Investmentbank als Swapkontrahent den Differenzbetrag (inkl. allfälliger Zinsen und anderer Erträge, die in diesem Beispiel negiert werden) an die ETF-Fondsgesellschaft zurück und nivelliert somit den Wert des Swap. Im Anschluss daran wird ein neuer Swapkontrakt aufgesetzt.

Genau umgekehrt verhält es sich bei einer Underperformance des zu «trackenden» Index. Hier muss der Fonds eine Kompensationszahlung an die Investmentbank leisten.

Nachfolgende Tabelle führt das vorgenannte Beispiel anhand einer Zeitreihe weiter und veranschaulicht somit die Methodik der synthetischen Nachbildung.

Tab. 5: Beispielhafte Zeitreihe einer synthetischen Indexnachbildung

	Indexveränderung prozentual	Indexveränderung absolut	Wert des Index	Veränderung des Aktienkorbs prozentual	Veränderung des Aktienkorbs absolut	Wert des Aktienkorbs	Wert des Swap	Wert des Fondsvermögens (NAV)	Swapkontrahentenrisiko
	%	CHF	CHF	%	CHF	CHF	CHF	CHF	%
Ausgangslage			100			100	0	100	0,00
Tag 1	4,00	4	104	2,00	2	102	2	104	1,92
Tag 2	1,92	2	106	1,96	2	104	2	106	1,89
Tag 3	2,83	3	109	0,00	0	104	5	109	4,59
Tag 4 (vor Swapauflösung)	0,92	1	110	–1,92	–2	102	8	110	7,27

Swapzurücksetzung: Swapkontrahent bezahlt den Wert des Swap in Höhe von CHF 8.00 an den Fonds. Dieser investiert die erhaltenen Barmittel anschliessend in Aktien. Anschliessend wird ein neuer Swapvertrag zwischen dem Fondsmanagement und dem Swapkontrahenten abgeschlossen.

	Indexveränderung prozentual	Indexveränderung absolut	Wert des Index	Veränderung des Aktienkorbs prozentual	Veränderung des Aktienkorbs absolut	Wert des Aktienkorbs	Wert des Swap	Wert des Fondsvermögens (NAV)	Swapkontrahentenrisiko
Tag 4 (nach Swapauflösung)			110			110	0	110	0,00
Tag 5	–1,82	–2	108	–0,91	–1	109	–1	108	–0,93
Tag 6 (vor Swapauflösung)	–6,48	–7	101	0,92	1	110	–9	101	–8,91

Swapzurücksetzung: ETF verkauft Aktien und bezahlt anschliessend den Wert des Swap in Höhe von CHF 9.00 an den Swapkontrahenten. Anschliessend wird ein neuer Swapvertrag zwischen dem Fondsmanagement und dem Swapkontrahenten abgeschlossen.

	Indexveränderung prozentual	Indexveränderung absolut	Wert des Index	Veränderung des Aktienkorbs prozentual	Veränderung des Aktienkorbs absolut	Wert des Aktienkorbs	Wert des Swap	Wert des Fondsvermögens (NAV)	Swapkontrahentenrisiko
Tag 6 (nach Swapauflösung)		0	101		1	101	0	101	0,00
Tag 7	...	...	...	...	...	...	...	...	...

Quelle: SIX Swiss Exchange

Vorteile der synthetischen Nachbildung

Die Verwendung von Swaps im Rahmen der synthetischen Nachbildung bietet insbesondere zwei Vorteile:

Zum einen eröffnen swapbasierte ETF vielfältigste Möglichkeiten, im globalen Anlageuniversum zu investieren. Nur mit dieser Nachbildungsform können nichtphysische Basiswerte, wie beispielsweise der Geldmarkt oder auch nicht UCITS-konforme Indizes, mit ETF abgebildet werden. Auch exotische Märkte oder Short-Strategien, die physisch nur schwer oder gar nicht zu replizieren sind, lassen sich mithilfe der synthetischen Nachbildung in einfachster Art und Weise für den Investor zugänglich machen.

Andererseits profitiert der Investor von einer effizienten Form der Nachbildung. Der Tracking Error bei einer synthetischen Nachbildung entspricht der Managementgebühr.

Der Tracking Error bei einer synthetischen Nachbildung entspricht der Managementgebühr.

Abb. 9: Ursachen für einen Tracking Error – Vergleich swapbasierte Nachbildung vs. physische Nachbildung

Synthetische Nachbildung

| Managementgebühr |
| Indexanpassungen |
| Zeitpunkt der Dividendenzuflüsse |
| Besteuerung der Dividenden |

Physische Nachbildung

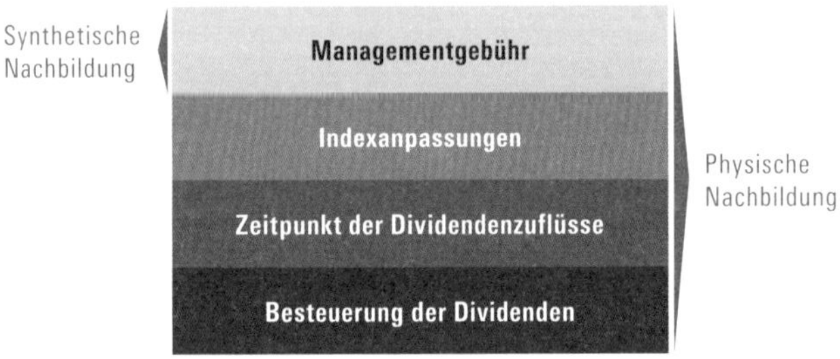

Quelle: SIX Swiss Exchange

Risiken der synthetischen Nachbildung

Im Kapitel 1 dieses Buches wird als ein entscheidender Vorteil aufgeführt, dass ETF ein rechtlich getrenntes Sondervermögen darstellen und somit im Falle eines Emittentenausfalls kein Gegenparteirisiko besteht (im Sinne von Art. 35 KAG). Diese Aussage hat auch für swapbasierte ETF Gültigkeit, denn Exchange Traded Funds als Anlagevehikel sind rechtlich gesehen Investmentfonds. Gemäss der europäischen Investmentrichtlinie UCITS darf ein Fonds sein Vermögen mit bis zu max. 10 % in derivative Finanzinstrumente (z.B. Swaps) allozieren. Das Fondsvermögen ist demzufolge vollständig als Sondervermögen zu betrachten. Innerhalb des Sondervermögens kann es einen maximalen Anteil von einem Zehntel geben, der in Derivate investiert ist. Dieser vertragliche Austausch von Zahlungsströmen unterliegt einem – wenn auch geringen – Gegenparteirisiko.

Abb. 10: Gegenparteirisiko innerhalb des Fonds bei synthetischer Nachbildung max. 10%

Quelle: SIX Swiss Exchange

Der Investor eines swapnachgebildeten ETF hat somit ein maximales Gegenparteirisiko in Höhe von 10%, oder umgekehrt: Mindestens 90% des eingesetzten Kapitals unterliegen keinem Gegenparteirisiko.

Aufgrund der periodischen Kompensationszahlungen zwischen der ETF-Fondsgesellschaft und der Investmentbank ist der durchschnittliche Swapanteil – und damit auch das Gegenparteirisiko – bei einem ETF-Konstrukt in der Praxis ca. bei 2 bis 3%. Sollte der Swapanteil doch einmal 10% betragen, so muss er durch eine Kompensationszahlung (Barmittel) zurückgesetzt werden, und ein neuer Swapvertrag wird abgeschlossen.

Während das rechtliche Maximum gemäss UCITS-Richtlinie bei 10% Swapanteil liegt, haben manche Fondsmanager

Der Investor eines swapnachgebildeten ETF hat ein maximales Gegenparteirisiko in Höhe von 10%, oder umgekehrt: Mindestens 90% des eingesetzten Kapitals unterliegen keinem Gegenparteirisiko.

intern für ihre eigenen ETF niedrigere Maximallevel definiert.
Daraus resultierend kann sich das Risiko einer Geldanlage in
einen synthetisch nachgebildeten ETF nochmals um einige Pro-
zentpunkte senken. Konkrete Auskünfte über die Form und die
Ausgestaltung der ETF-Nachbildung können beim jeweiligen
Emittenten direkt eingeholt werden.

Abb. 11: Auf einen Blick: Synthetische Indexnachbildung

Nachzubildender Index

Aktienindex

■ stark gewichteter Indextitel

■ mittel gewichteter Indextitel

■ schwach gewichteter
  Indextitel

  sehr schwach gewichteter
  Indextitel

**Umsetzung durch den
Fondsmanager**

– der ETF-Fondsmanager
  investiert in einen
  beliebigen Aktienkorb unter
  Optimierung von steuerlichen
  Gesichtspunkten und der
  Transaktionskosten

– die Indexnachbildung wird
  durch eine vertragliche
  Vereinbarung «outgesourct»

– der Swap-Kontrahent tauscht
  die Performanceunterschiede
  zwischen Index und ETF
  fortlaufend aus.
  Der Swap ist das ausglei-
  chende Element zwischen
  der Rendite des Fondsport-
  folios und der Rendite des
  nachzubildenden Index

Fondsportolio

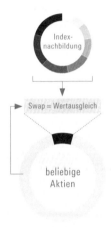

Index-
nachbildung

Swap = Wertausgleich

beliebige
Aktien

■ max. 10%

Vorteile
– nahezu perfektes Index Tracking
– nahezu unbegrenzte Möglichkeiten der Indexnachbildung möglich
– Anlageklassen wie Geldmarkt sind nur via synthetische Nachbildung möglich

Nachteile
– Als Finanzderivat unterliegt die Swap-Vereinbarung einem Gegenparteienrisiko.
  Dieses ist jedoch gem. der europäischen Fondsrichtlinie UCITS auf max. 10% beschränkt.
– intransparenter als die physischen Nachbildungsformen

Ideale Anwendung
– keine Limitierung

Quelle: SIX Swiss Exchange

Verhalten des Swap innerhalb des Fonds

Aufgrund der Dynamik der Finanzmärkte und der unterschiedlichen Zusammenstellung des Portfolios kann sich bei der
synthetischen Nachbildung die Performance des Wertpapierkorbes im Vergleich zur Performance des Index unterschiedlich
entwickeln. Steigt der Index in stärkerem Ausmass als der
Wertpapierkorb, so wird der Swapanteil im Fonds grösser und
somit auch das Gegenparteienrisiko. Im Umkehrschluss ist es
jedoch so, dass bei stärkerer Indexentwicklung des Wertpapierkorbes im Vergleich zum Index der Swapanteil aus Sicht
des Fonds negativ werden kann und somit kein Risiko für den
Fonds (und damit auch den Investor) aufgrund des Swap-
geschäfts besteht.

Die folgende Grafik zeigt, wie unterschiedlich sich über die Zeit
der Wert des Aktienkorbes und der Referenzindex entwickeln
können. Wichtig zu erkennen ist hierbei, dass sich damit auch
der Swapanteil unterschiedlich entwickelt. Ist der Swapanteil
positiv, besteht im Fonds ein Gegenparteienrisiko, ist er negativ,
so entfällt es, und der Fonds hat ein Guthaben bei der Swapgegenpartei (Investmentbank).

Es ist per se daher falsch zu sagen, dass es bei der synthetischen Nachbildung immer ein Gegenparteirisiko gibt. Dies
kann der Fall sein, muss es aber nicht.

Abb. 12: Illustratives Verhalten des Swap innerhalb des Fonds

Wertentwicklung Basiswertindex vs. optimierter Aktienkorb

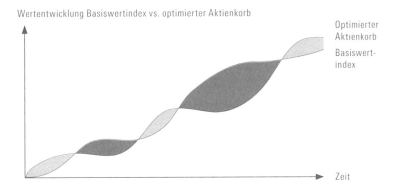

Wertentwicklung Swapanteil

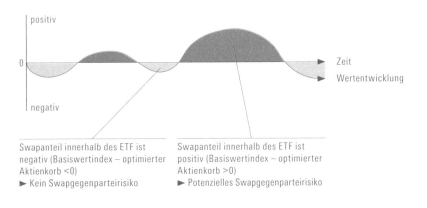

Swapanteil innerhalb des ETF ist negativ (Basiswertindex – optimierter Aktienkorb <0)
► Kein Swapgegenparteirisiko

Swapanteil innerhalb des ETF ist positiv (Basiswertindex – optimierter Aktienkorb >0)
► Potenzielles Swapgegenparteirisiko

Quelle: SIX Swiss Exchange

Weiterentwicklung der synthetischen Nachbildung

Mit der Finanzkrise ist auch das Risiko der Swapkomponente in synthetisch replizierten ETF hinterfragt worden. In der Folge haben Produktanbieter mit unterschiedlichen Ansätzen versucht, das Swaprisiko entweder auszuschliessen oder zu reduzieren. Einige Anbieter setzen mehrere Swapgegenparteien ein, um das Risiko dieser max. 10 % auf verschiedene Investmentbanken zu verteilen. Andere schliessen mit sogenannten vollständig unterlegten Swapgeschäften das Risiko gänzlich aus (sogenannte Fully Funded Swap Structure). Dies passiert mit Sicherheiten in Form von Einlagen oder Wertpapieren, die hinterlegt werden. Ziel ist es, dass der Fonds Zugang zu mehr als 100 % des Vermögens hat, wenn eine Swapgegenpartei ausfallen würde. Somit würde auch das Verlustpotenzial des Investors ausgeschlossen.

UCITS-Richtlinien

Die UCITS-Richtlinien (Undertakings for Collective Investments in Transferable Securities) der Europäischen Union definieren Zulassungs- und Rahmenbedingungen für Fonds und Fondsgesellschaften. Die im Jahr 2006 in Kraft getretenen UCITS-III-Richtlinien stellen den neusten einheitlichen Mindeststandard der EU-Länder hinsichtlich des Anlegerschutzes und des grenzüberschreitenden Angebots dar. Erweitertes Portfoliomanagement ermöglicht es den Fondsmanagern UCITS-III-konformer Fonds, mit grösserer Flexibilität zu agieren. So erlaubt diese Richtlinie auch das Verwenden von derivativen Finanzinstrumenten mit einem Anteil von bis zu einem Zehntel des Fondsvermögens. Zurzeit ist UCITS IV in Einführung – diese Richtlinie konzentriert sich noch stärker auf Transparenz gegenüber dem Investor und macht z.B. die Zusammenlegung von Fonds länderübergreifend möglich. Zudem soll der Genehmigungsprozess in Europa vereinfacht werden.

10. NAV und iNAV

Der Nettoinventarwert (Net Asset Value, kurz: NAV) beschreibt den inneren Wert eines Fonds. Er setzt sich zusammen aus den bewerteten Einzelpositionen des Fondsvermögens, addiert zum Baranteil, abzüglich sämtlicher Verbindlichkeiten. Das entsprechende Ergebnis wird durch die Anzahl der im Umlauf befindlichen Fondsanteile dividiert und ergibt den NAV. Dieser wird einmal täglich berechnet und gibt den exakten Preis der ETF-Anteile an. Der NAV kann auf den Webseiten der jeweiligen Produktanbieter abgerufen werden.

Sowohl aktiv gemanagte Fonds als auch ETF verfügen über einen NAV, hingegen weist jeder ETF im Gegensatz zu aktiv gemanagten Fonds auch einen iNAV auf. Der iNAV (indikativer Nettoinventarwert) ist eine für das ETF-Trading essenzielle Kenngrösse. Wie der Buchstabe i in iNAV andeutet, handelt es sich bei einem iNAV um einen Näherungswert, eine indikative Kenngrösse. Der iNAV ist folglich der Näherungswert des **fortlaufend** berechneten Fondsvermögens und setzt sich aus den zu Marktpreisen bewerteten Einzelpositionen zusammen. Er wird während des Tages berechnet und in regelmässigen Abständen (in der Regel alle 15 Sekunden) veröffentlicht. Eine Vielzahl von iNAV hat eine eigene ISIN und kann daher auf Börseninformationssystemen vom Investor gefunden und als Referenzindex betrachtet werden.

11.   Creation-/Redemption-Prozess

Liquid. Das ist eines der wichtigsten Attribute, wenn es um die Charakteristik von Exchange Traded Funds geht. Liquidität erhält ein ETF auf zweierlei Art. Erstens durch den täglichen Börsenhandel im Sekundärmarkt. Zweitens – und dieser Punkt ist fast noch wichtiger – durch den sogenannten Creation-/Redemption-Prozess, der im Primärmarkt vollzogen wird. Er läuft für den Investor, der ETF analog zu Aktien einfach und schnell handeln kann, im Hintergrund ab.

Der Creation-/Redemption-Vorgang ist jedoch essenziell für ETF und bildet das Fundament für viele Vorteile dieses Investmentprodukts.

Zunächst beginnt der Konstruktionskreislauf eines ETF mit einer elektronischen Datei, in der sämtliche Indexwerte inklusive ihrer Gewichtung aufgelistet sind. Diese Datei, die der Emittent dem Market Maker auf täglicher Basis zur Verfügung stellt, bildet die Grundlage für den Creation-/ Redemption-Prozess. Wichtig zu wissen ist, dass es ausschliesslich der Market Maker oder eine dritte berechtigte Partei ist, die den Creation-/Redemption-Prozess durchführen kann.

Will der Market Maker ETF-Anteile kreieren, so muss er sich zunächst an den Kapitalmärkten mit den entsprechenden Aktien eindecken. Dies kann er entweder über den Kauf von Wertpapieren oder die Wertpapierleihe tun. Hat er (je nach Nachbildungsform, siehe Kapitel 9) das dem Index entsprechende Portfolio gekauft, nutzt er es, um sogenannte ETF Creation Units zu erwerben. Im Regelfall sind es 50'000 ETF-Anteile, die als eine Creation Unit definiert werden. Bei der physischen Nachbildung findet im Creation-Prozess ausschliesslich ein Tausch von Wertpapieren statt (sogenannte In-Kind-Transaktionen). Barmittel werden nicht getauscht. Zudem werden sämtliche Transaktionskosten nicht dem Fonds entzogen,

Der Creation-/Redemption-Vorgang ist essenziell für die Liquidität und die Handelsmöglichkeiten und bildet das Fundament für viele Vorteile dieses Investmentprodukts.

sondern gehen in der Regel zulasten des Market Maker. Liefert dieser nun den Aktienkorb an den ETF-Emittenten, erhält er im Gegenzug ETF-Anteile im Wert des gelieferten Aktienkorbes. Mit diesen ETF-Anteilen betreibt der Market Maker nun das Market Making, also die Bereitstellung von Handelsliquidität. Er stellt seine Quotes ins Handelssystem und veräussert die ETF-Anteile im Sekundärmarkt über die Börse oder im bilateralen Verkauf direkt an institutionelle Investoren (OTC-Trading).

Das Gegenteil des Creation-Prozesses ist der Redemption-Prozess. Redemption heisst Rücknahme. Kauft der Market Maker am Kapitalmarkt genügend ETF-Anteile zusammen, kann er sie beim Emittenten gegen den Aktienkorb zurücktauschen. Hatte er die Aktien geliehen, kann er sie dem Verleiher zurückgeben. Waren sie gekauft, kann er sie am Kapitalmarkt veräussern. Auch beim Redemption-Prozess findet kein Austausch von Barmitteln statt. Ebenso werden die Kosten für diese «Hintergrundtransaktionen» nicht dem Fonds entzogen, sondern vom Market Maker getragen.

ETF verfügen über eine sogenannte offene Struktur, da der Creation-/Redemption-Prozess in beide Richtungen jederzeit durchführbar und zudem nicht auf eine maximale Anzahl Anteile beschränkt ist.

Durch den einzigartigen Creation-/Redemption-Prozess kann der Fonds in manchen Fällen sogar von einer Steueroptimierung profitieren. Wie? Während bei ETF ein reiner Wertpapiertausch stattfindet, z.B. für den Rücknahmeprozess, wird im Gegenteil dazu bei klassischen Anlagefonds der Warenkorb gegen Barmittel eingetauscht. Um diese Barmittel liquide zu haben, müssen klassische Anlagefonds in den meisten Fällen Aktien verkaufen. Tun sie dies unter der Mitnahme eines Gewinns, muss der realisierte Ertrag versteuert werden. Die Steuerschuld wird anschliessend an den Fonds weitergegeben und geht zulasten aller Anteilseigner. Nicht so bei ETF.

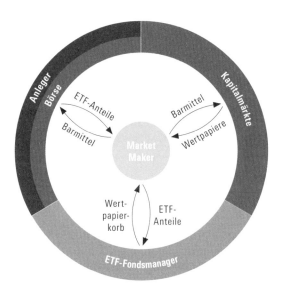

Quelle: SIX Swiss Exchange

Der einzigartige Creation-/Redemption-Prozess führt indirekt auch zu einer guten Handelsqualität im Hinblick auf einen engen Handel um den iNAV. Das Zauberwort heisst Arbitrage.

Arbitrage bezeichnet die Ausnutzung unterschiedlicher Preise für dasselbe Wertpapier. Folgendes Beispiel verdeutlicht dies:

Angenommen, ein fiktiver ETF besteht aus drei Wertpapieren.
– Wertpapier A hat einen Wert von CHF 3.00
– Wertpapier B hat einen Wert von CHF 2.00
– Wertpapier C hat einen Wert von CHF 5.00

Der Gesamtwert des Aktienkorbes (NAV) wäre nun CHF 10.00.

Der Investor müsste nun annehmen, dass der ETF zu CHF 10.00 gequotet wird. In der Praxis ist dies jedoch häufig nicht der Fall. Wahrscheinlicher ist, dass für den ETF ein – wenn auch nur geringfügig – abweichender Kurs gestellt wird, beispielsweise CHF 9.90 oder CHF 10.08.

Arbitrage bezeichnet die Ausnutzung unterschiedlicher Preise für ein Wertpapier.

Ist der gequotete Preis bei 10.08, hat der Anleger einen finanziellen Nachteil, wenn er den ETF im Vergleich zu den drei Einzelaktien kauft (Transaktionskosten und administrative Spesen werden im Beispiel nicht berücksichtigt).

Wie kann der Anleger aber sichergehen, dass der Preis möglichst nahe am NAV resp. innerhalb des Tages am iNAV gequotet wird?

Neben den Qualitätsmerkmalen, die von der Börse im Rahmen von maximalen Abweichungen von Geld-/Briefkursen um den iNAV definiert und überwacht werden, übernehmen Arbitragemöglichkeiten eine Art natürliche Qualitätskontrolle.

Und so funktioniert es: Sollte der Preis eines Exchange Traded Fund von seinem Basiswert-Wertpapierkorb (stark) abweichen, treten Arbitrageure in den Markt.

Szenario 1: ETF-Preis ist höher als der Preis des zugrundeliegenden Wertpapierkorbes

In diesem Szenario kauft der Arbitrageur die Aktien des Wertpapierkorbes und tauscht sie gegen Creation-Einheiten. Im Anschluss daran verkauft er die die ETF-Anteile im freien Handel mit Gewinn weiter.

Szenario 2: Der Preis des zugrundeliegenden Wertpapierkorbes ist höher als der ETF-Preis

In diesem Szenario kauft der Arbitrageur ETF-Anteile, die er anschliessend unter Durchführung eines Redemption-Prozesses gegen die Underlying-Aktien eintauscht. Anschliessend verkauft er diese Aktien gewinnbringend am Markt.

Beide Szenarien sind natürliche Qualitätssicherungsmechanismen des freien Kapitalmarktes und gewährleisten eine gute Preisstellungsqualität seitens der Market Makers. Mispricing wird im heutigen hochtechnologischen Handel sehr schnell von anderen Marktteilnehmern entlarvt resp. bestraft.

ETF-Investoren können daher sicher sein, dass die an den Börsen gestellten Quotes eine hohe Qualitätsgüte besitzen und sie ETF zu fairen Preisen (Preise nahe dem inneren Wert) erwerben resp. veräussern können. Denn für die Arbitrageure ist jegliches Mispricing die Chance auf einen risikolosen Ertrag.

12. Wertpapierleihe

Fondsmanager können einen ausserordentlichen Ertrag erwirtschaften, indem sie Wertpapierleihe (kurz: WL) praktizieren und die dabei erhaltenen Erträge an den ETF weitergeben. Der Prozess läuft dabei wie folgt ab: Der Fondsmanager eines ETF gibt die beim Creation-Prozess erhaltenen Wertpapiere zur Leihe frei. Die Fondsgesellschaft erhält für das Verleihen der Wertpapiere eine zwischen dem Leiher und dem Verleiher vertraglich fixierte Vergütung. Nach Ablauf der festgelegten Laufzeit erhält der Verleiher (Fondsmanager) die Wertpapiere in gleicher Art und Güte zurück. Auch können beispielsweise Stimmrechte für die verliehenen Wertpapiere gegen eine Gebühr abgetreten werden.

Wichtig zu wissen ist jedoch, dass die Wertpapierleihe auch gewisse Risiken birgt. So existiert neben operativen Risiken auch ein Gegenparteirisiko. Zwischen dem Leiher und dem Verleiher kann vertraglich jedoch bestimmt werden, dass der Leiher eine entsprechende Wertsicherung in Form von Barmitteln (sogenanntes Collateral) zu hinterlegen hat. Dieses Collateral kann den ausgeliehenen Betrag auch übersteigen. Bei Nichtlieferung der ausgeliehenen Titel ist das ETF-Fondsmanagement berechtigt, sich am Collateral schadlos zu halten.

> Fondsmanager können einen ausserordentlichen Ertrag erwirtschaften, indem sie Wertpapierleihe praktizieren und die dabei erhaltenen Erträge an den ETF weitergeben.

Abb. 14: Wertpapierleihe eines ETF-Basiswerts durch den ETF-Fondsmanager

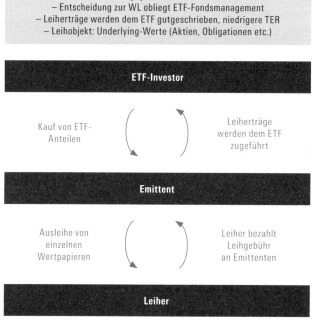

Wertpapierleihe im ETF
– Entscheidung zur WL obliegt ETF-Fondsmanagement
– Leiherträge werden dem ETF gutgeschrieben, niedrigere TER
– Leihobjekt: Underlying-Werte (Aktien, Obligationen etc.)

ETF-Investor

Kauf von ETF-Anteilen

Leiherträge werden dem ETF zugeführt

Emittent

Ausleihe von einzelnen Wertpapieren

Leiher bezahlt Leihgebühr an Emittenten

Leiher

Quelle: SIX Swiss Exchange

Ein effizientes Fondsmanagement kann die relative Performance eines ETF im Vergleich zu seinem Referenzindex beeinflussen. Es lohnt sich daher, die verschiedenen Fondspublikationen wie Factsheets, Prospekte oder auch Jahresberichte genau zu studieren und zu prüfen, auch wenn der Tracking Error bei ETF je nach Anlageklasse und Anbieter deutlich unter 1% p.a. liegt.

Exkurs: Wertpapierleihe der ETF-Anteile

Auch der Investor kann mit der Wertpapierleihe eine Rendite-optimierung erzielen. Dies macht aus ökonomischen Gründen jedoch erst ab einer bestimmten Minimuminvestition Sinn. Das Vorgehen ist wie folgt: Der ETF-Investor beauftragt seine Haus-bank/seinen Broker über Wertpapierleiheplattformen, seine ETF-Anteile auszuleihen. Gibt es eine Nachfrage in Form eines Leihers, so erstattet dieser dem Verleiher die Leihgebühr.

Häufig gibt es bei dieser Art der Wertpapierleihe kein Collateral,
was ein zusätzliches Risiko neben operativen Risiken und dem
Gegenparteirisiko darstellt.

Abb. 15: Wertpapierleihe von ETF-Anteilen durch den ETF-Investor

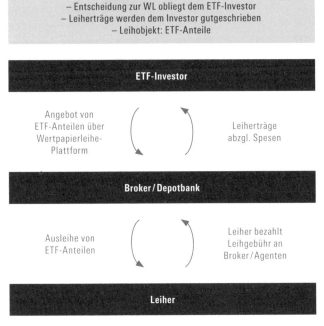

Quelle: SIX Swiss Exchange

Werden beide Formen der Wertpapierleihe durchgeführt, kann
es zu einer Outperformance des ETF im Vergleich zu seiner
Benchmark kommen. Abbildung 11 illustriert, wie der ETF-
Investor durch Addition der beiden Wertpapierleiharten die
Total Expense Ratio nivelliert und folglich eine positive Rendite
erwirtschaften kann.

Abb. 16: Generierung einer Outperformance durch Wertpapierleihe

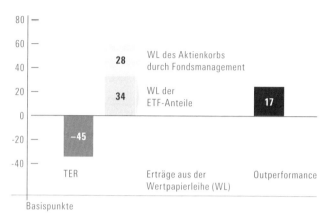

Basispunkte

Quelle: SIX Swiss Exchange

13. ETF an SIX Swiss Exchange

13.1   Definition und Aufgaben einer Börse

Die Börse übernimmt eine wichtige und zentrale Funktion in den Volkswirtschaften. In der Finanzwelt ist die Börse ein regelmässiger und organisierter Markt für Wertpapiere, an dem sich Nachfrage und Angebot treffen. Die Börse stellt vielfältige Dienstleistungen zur Verfügung, welche die Marktteilnehmer nutzen können, um direkt miteinander zu handeln. Dabei verhält sich die Börse in Bezug auf die Preisbildung marktneutral, d.h., sie führt keinerlei Käufe resp. Verkäufe in Wertpapieren durch. Sie reguliert und überwacht jedoch den Handel, um eine hohe Qualität zu gewährleisten.

Die Börse ist ein regelmässiger und organisierter Markt für Wertpapiere, an dem sich Nachfrage und Angebot treffen.

Die klassische Hauptaufgabe einer Börse bestand lange Zeit in der Zusammenführung von Anlegern/Investoren und marktwirtschaftlich agierenden Unternehmen mit dem Ziel, einen optimalen und effizienten Interessenausgleich zu schaffen. Unternehmen wollen am Markt Kapital beschaffen, Investoren wollen ertragreiche Geldanlagen eingehen. Je effizienter dieser Prozess funktioniert, desto besser ist es für die gesamte Volkswirtschaft.

Im Laufe der Zeit hat sich die Börse von ihrem originären Marktplatzverständnis und der damit verbundenen reinen Existenzberechtigung für die Kapitalbeschaffung von Unternehmen weiterentwickelt. Zwar bewerkstelligt sie auch heute noch diese wichtige Aufgabe. Es wurde jedoch in den letzten Jahren eine Vielzahl von intelligenten Investmentlösungen entwickelt, die dem Investor als künstliche Finanzprodukte angeboten werden und ihm helfen, seine Markterwartung optimal umzusetzen.

Beispiele dafür sind unter anderem Exchange Traded Funds, aber auch Produkte wie Zertifikate, Optionsscheine oder Futures.

All diese Produkte zeichnen sich dadurch aus, dass sie in erster Linie nicht durch das Zusammenführen von Nachfrage und Angebot ihren Preis finden (Order-driven Market), sondern durch die bewusste Interaktion eines Intermediärs im Sinne eines Market Maker (Quote-driven Market).

Heute sind Börsen zumeist automatisiert und technisch nicht ortsgebunden. Der Standort der Börse wird bestimmt durch die Börsengesetzgebung sowie die zuständige Börsenaufsicht. Die Händlerstationen können irgendwo auf der Welt stehen.

Wichtig: Privatinvestoren handeln nie direkt an der Börse, sondern immer über einen Intermediär (Hausbank, Broker), der offizieller Teilnehmer der Börse ist.

Nachfolgend werden die Aufgaben einer Börse anhand des Beispiels SIX Swiss Exchange erläutert:

– **Überwachung** des Handels und posttransaktorischer Eingriff bei Verletzung des Börsenreglements

– **Regulierung** des Marktes und fortlaufende Anpassung der Börsenreglemente an neue Marktbedürfnisse

– **Handelszulassung** neuer Effekten und Teilnehmer unter vorheriger Überprüfung verschiedener Anforderungskriterien

– Edukative **Ausbildung** von zum Börsenhandel berechtigten Personen aufseiten der offiziellen Börsenteilnehmer

– Zurverfügungstellung einer leistungsstarken und kosteneffizienten **Handelsplattform**

– Bündelung von **Liquidität** durch das Zusammenführen von Angebot und Nachfrage mit dem Ziel, bestmögliche Preise zu gewährleisten

– Sicherstellung der **Fungibilität** (Austauschbarkeit) von Wertpapieren durch die Festlegung von Qualitätsnormen

– Förderung und Sicherung der höchstmöglichen **Transparenz** für sämtliche Anspruchsgruppen

– **Gleichbehandlung** sämtlicher Marktteilnehmer

– Bereitstellung von relevanten Finanzdaten wie Börsenkursen, Schlusskursen, Volumen und Umsatz, historischen Daten und **Statistiken**

13.2   SIX Group

SIX Group betreibt die schweizerische Finanzplatzinfrastruktur und bietet weltweit umfassende Dienstleistungen in den Bereichen Wertschriftenhandel und -abwicklung sowie Finanzinformationen und Zahlungsverkehr an. Das Anfang 2008 aus dem Zusammenschluss von SWX Group, Telekurs Group und SIS Group entstandene Unternehmen befindet sich im Besitz seiner Nutzer (160 Banken verschiedenster Ausrichtung und Grösse) und erwirtschaftet mit rund 3'700 Mitarbeitenden und einer Präsenz in 23 Ländern einen Umsatz von über CHF 1,2 Mrd.

Als einer der führenden europäischen Börsen- und Infrastrukturbetreiber bietet SIX Group erstklassige Dienstleistungen rund um den schweizerischen und den grenzüberschreitenden Handel und die Zulassung von Effekten an. Die weiteren Geschäftsfelder der Unternehmensgruppe umfassen kostengünstige und effiziente Dienstleistungen in den Bereichen Clearing, Abwicklung, Verwahrung und Verwaltung von Wertschriften sowie internationale Finanzinformationen für Anlageberatung, Vermögensverwaltung, Portfoliomanagement, Finanzanalyse und Wertschriftenabwicklung. Schliesslich decken die Dienstleistungen im Zahlungsverkehr die Akzeptanz und Verarbeitung von Zahlungen mit Kredit-, Debit- und Kundenkarten sowie die Abwicklung von Interbankzahlungen und E-Rechnungen ab.

Im Geschäftsbereich Wertschriftenhandel haben Exchange Traded Funds ein eigenes Segment an SIX Swiss Exchange. Einzigartig in Europa gilt für dieses Segment, dass der Handel von ETF in sechs verschiedenen Währungen möglich ist. Die gesamte Liquidität eines ETF wird jeweils im zentralen Orderbuch von SIX Swiss Exchange gebündelt und visualisiert.

Abb. 17: Markenarchitektur von SIX Group

Wertschriftenhandel	Wertschriftendienstleistungen	Finanzinformationen	Zahlungsverkehr	
⟋IᗡC SWISS EXCHANGE	⟋IᗡC SIS	⟋IᗡC TELEKURS	⟋IᗡC MULTIPAY	⟋IᗡC CARD SOLUTIONS
⟋IᗡC EXCHANGE REGULATION	⟋IᗡC SIS INTERNATIONAL		⟋IᗡC MULTI SOLUTIONS	
⟋IᗡC EXFEED	⟋IᗡC SAG		⟋IᗡC PAY	⟋IᗡC INTERBANK CLEARING
	⟋IᗡC X-CLEAR			⟋IᗡC PAYNET

Beteiligungen

E⟨
STOXX
SWISS FUND DATA ///

Quelle: SIX Group

13.3   SIX Swiss Exchange

Die Schweizer Börse SIX Swiss Exchange ist eine der technologisch führenden Börsen der Welt. Ihr Hauptsitz ist in Zürich.
Sie realisiert erstklassige Börsendienstleistungen und führt
Teilnehmer, Emittenten und Investoren auf einem effizienten
und transparenten Wertpapiermarkt zusammen. Neben der
breiten Produktpalette überzeugt das integrierte, vollautoma-
tische Handels-, Clearing- und Settlement-System.

SIX Swiss Exchange untersteht dem Bundesgesetz über die
Börsen und den Effektenhandel (BEHG) und wird von der Eidgenössischen Finanzmarktaufsicht (FINMA) überwacht. Die
Handelsplattform von SIX Swiss Exchange verbindet Teilnehmer aus der ganzen Welt und ermöglicht den Handel von verschiedenen Effektentypen.

13.3.1 ETF an SIX Swiss Exchange

Das Segment der Exchange Traded Funds gibt es an SIX Swiss Exchange bereits seit September 2000. SIX Swiss Exchange war eine der ersten europäischen Börsen, an denen ETF kotiert wurden, und ein wichtiger Wegbereiter für den Erfolgszug der ETF in Europa.

Was mit zwei Produkten eines einzigen Anbieters begann, ist heute ein attraktiver und vielschichtiger Markt.

Per 31. Dezember 2009 gibt es elf erstklassige Produktanbieter, die ETF an SIX Swiss Exchange kotiert haben. Mit über 275 ETF* können Investoren auf ein grosses Spektrum an erstklassigen Produkten zurückgreifen und in verschiedenste Anlageklassen, Regionen, Sektoren und Stile investieren. Die aktuelle Produktübersicht finden Sie auf www.six-swiss-exchange.com.

Neben der Anzahl der Produkte und der Anbieter entwickelte sich insbesondere der Handelsumsatz an SIX Swiss Exchange sehr positiv. Mit einer erneuten Wachstumssteigerung von 28% im Vergleich zu 2008 wurde im Kalenderjahr 2009 eine neue Rekordmarke in Höhe von CHF 50'571 Mio. erreicht.

---

*Gewisse fungible ETF (gleiche ISIN) sind in mehreren Währungen handelbar. Entsprechend werden sie mehrfach gezählt.

Abb. 18: ETF-Umsatzentwicklung und Anzahl ETF an SIX Swiss Exchange

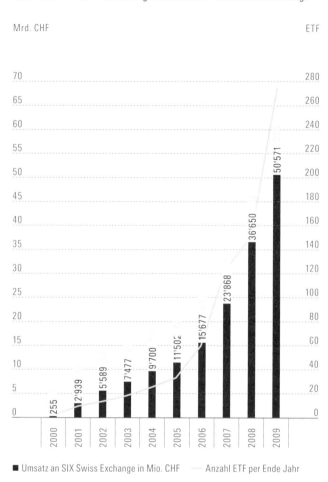

Mrd. CHF   ETF

Quelle: SIX Swiss Exchange

13.3.2 Produktanbieter an SIX Swiss Exchange

Die folgenden Produktanbieter haben ETF an SIX Swiss Exchange gelistet:

Produktanbieter	Webseite
ComStage	http://www.comstage-etf.ch
db x-trackers Deutsche Bank	http://www.dbxtrackers.ch
EasyETF BNP PARIBAS	http://www.easyetf.com
Invesco PowerShares	http://www.invescopowershares.net
iShares	http://www.ishares.ch
Julius Bär Funds Exclusively managed by Swiss & Global A member of the GAM group	http://www.jbfundnet.com
EXCHANGE TRADED FUNDS BY LYXOR	http://www.lyxoretf.ch
RBS The Royal Bank of Scotland	http://markets.rbsbank.ch
UBS	http://www.ubs.com/etf
Xmtch	http://www.xmtch-etf.ch
Zürcher Kantonalbank	http://www.zkb.ch

Quelle: SIX Swiss Exchange (Stand: Februar 2010)

13.3.3 Market Makers an SIX Swiss Exchange

Die folgenden Market Makers stellen an SIX Swiss Exchange
für ETF Liquidität zur Verfügung:

Market Maker	Webseite
COMMERZBANK	http://www.commerzbank.com
CREDIT SUISSE	http://www.credit-suisse.com
Deutsche Bank	http://www.deutsche-bank.de
Julius Bär	http://www.juliusbaer.com
Merrill Lynch	http://www.ml.com
Morgan Stanley	http://www.morganstanley.com
RBS The Royal Bank of Scotland	http://markets.rbsbank.ch
SOCIETE GENERALE	http://www.sgcib.com
SIG SUSQUEHANNA INTERNATIONAL GROUP, LLP	http://www.sig.com
Timber Hill (Europe) AG A Member of The Interactive Brokers Group™	http://www.timberhill.com
UBS	http://www.ubs.com
UniCredit Markets & Investment Banking	http://www.unicreditgroup.com
Zürcher Kantonalbank	http://www.zkb.ch

Quelle: SIX Swiss Exchange (Stand: Februar 2010)

14. ETF im globalen Umfeld

Weltweit zählen ETF zu den am stärksten wachsenden Invest-mentprodukten. In Europa sind die Wachstumszahlen seit Lancierung der ersten ETF im Jahr 2000 gigantisch, und dies sowohl hinsichtlich Handelsvolumen und Anzahl Transaktionen als auch hinsichtlich verwalteter Vermögen. Mit den starken Wachstumstreibern USA und Europa sowie jungen, auf-strebenden Märkten in Asien/Pazifik ergibt sich das folgende globale Bild.

In Europa sind die Wachstumszahlen seit der Lancierung der ersten ETF im Jahr 2000 herausragend, und dies sowohl hinsichtlich Handelsvolumen und Anzahl Transaktionen als auch hinsichtlich verwalteter Vermögen.

Per Ende 2009 betrugen die weltweiten verwalteten Vermögen für ETF USD 1'032 Mrd. Dabei sind die verwalteten Vermögen des US-Marktes mit USD 706 Mrd. mehr als dreimal so hoch wie die in Europa mit USD 224 Mrd.

Von vielen Seiten wird vorhergesagt, dass sich der starke Wachstumstrend fortsetzen wird. So rechnet BlackRock mit einer Verdoppelung der weltweit verwalteten Vermögen bis Ende 2012.

Neben den zunehmenden Vermögen bereichern insbeson-dere neue Produkte den ETF-Markt. Ende 2009 existierten 1'939 ETF, die an 40 Börsen mit 3'775 Listings vertreten wa-ren. Dabei teilen sich 109 Emittenten den Markt (vgl. Abb. 19).

Doch welches sind die Trends, die für ein nachhaltiges Wachstum von ETF verantwortlich sein werden?

Institutionelle Anleger, wie beispielsweise Pensionskassen, entwickeln zunehmend eine Sensibilität für die Kosten von Anlageprodukten. Heute greifen noch wenige Pensionskassen auf ETF zurück. Es ist jedoch anzunehmen, dass sich dies in der nächsten Zeit stark ändern wird. Darüber hinaus können unter der UCITS-III-Richtlinie auch klassische Anlagefonds mehr Kapital in ETF anlegen, als dies in der Vergangenheit der Fall war. Ebensolche regulatorische Veränderungen, wie beispielsweise UCITS oder auch MiFID (Markets in Financial Instruments Directive), werden das Wachstum von ETF begünstigen und fördern. Auch die Trends in den Handelsstrategien von Investoren mit dem Fokus auf kostengünstiges Beta-Exposure werden zu Wachstumstreibern der Branche.

Abb. 19: Weltweite ETF-Entwicklung – Verwaltete Vermögen und Anzahl ETF

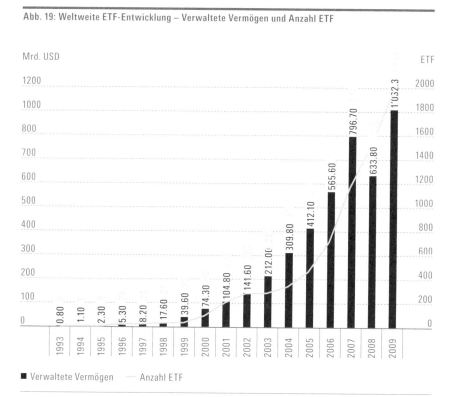

■ Verwaltete Vermögen   — Anzahl ETF

Quelle: ETF Landscape Year End 2009, BlackRock, Januar 2010

Neben den vielen Vorteilen, die ETF als Finanzinstrumente in sich vereinen und die sowohl institutionelle als auch private Anleger anziehen, ist der stark steigende Bekanntheitsgrad von ETF eine wichtige Triebfeder für den zukünftigen Erfolg. Angefangen bei Printmedien, über Onlinemedien bis hin zu Radio und Fernsehen werden heutzutage in sämtlichen Medienkanälen ETF thematisiert und beleuchtet.

Darüber hinaus gibt es eine Vielzahl edukativer Veranstaltungen, in denen ETF-Spezialisten die Vor- und Nachteile von ETF sowie deren Einsatzmöglichkeiten aufzeigen.

Auch ist die Lancierung von neuen Produkten ein Erfolgsgarant für ETF. Neue Anlageklassen, Themen, Regionen oder auch Stile werden fortlaufend emittiert. Die Innovationskraft der Branche ist hoch, und mit der Zeit werden auch Nischenmärkte immer besser abgebildet werden können. Es steigt aber auch die Gefahr, dass intransparente Gebilde auf den Markt kommen, die den Investor verwirren. Der Name Exchange Traded Fund ist nicht geschützt. Aus diesem Grund ist es immer ratsam, vor einem Investment das Produkt genau unter die Lupe zu nehmen.

15. Steuerliche Betrachtung von ETF

Anleger werden über die Medien täglich mit dem Thema Steuern konfrontiert. Trotz dieser zum Teil ausführlichen Information bleiben Steuern eine komplexe Angelegenheit. Vor allem im Bereich der Finanzprodukte ist es schwierig, einen umfassenden Überblick zu erlangen, da die verschiedenen Anlagekategorien unterschiedlich besteuert werden. Dennoch lohnt es sich für den Investor, sich mit der Steuerthematik auseinanderzusetzen, denn zweifelsfrei können Steuern und Abgaben ein «Renditefresser» sein. Investoren sollten bei ihrer Anlageentscheidung primär darauf achten, wie hoch die erwirtschaftete Nettorendite ist, und nicht ausschliesslich darauf, wie viele Prozentpunkte eine Geldanlage gewonnen hat (Nettorendite = Gesamtrendite abzüglich aller Kosten, wie Courtagen etc., und Steuern).

Der nachfolgende Text dient als Orientierung für natürliche Personen, die in der Schweiz besteuert werden. Die Angaben sind ohne Gewähr, sie sind kein Ersatz für eine individuelle fachkundige Steuerberatung.

Um eine Aussage über die steuerliche Betrachtung von Exchange Traded Funds treffen zu können, müssen sie zunächst klassifiziert werden. Für Schweizer Steuerzwecke sind ETF rechtlich strukturiert als vertragliche Schweizer Anlagefonds oder ausländische Anlagefonds. Beispiele für letztere Kategorie sind luxemburgische SICAV oder französische FCP.
Wichtig: Ausländische Anlagefonds werden in der steuerlichen Behandlung im Hinblick auf die Einkommenssteuer grundsätzlich gleich betrachtet wie Schweizer Anlagefonds. Unterschiedliche Ansätze kommen bei der Umsatzabgabe zum Tragen.

Für Schweizer Steuerzwecke sind ETF rechtlich als vertragliche Schweizer Anlagefonds oder ausländische Anlagefonds strukturiert.

Nachstehend werden die Auswirkungen folgender Steuerarten jeweils auf Ebene ETF und auf Ebene des Anlegers näher betrachtet:

- Einkommenssteuer, Vermögenssteuer (direkte Bundessteuer gem. DBG, kantonale Steuergesetze)
- Verrechnungssteuer (VSt gem. VStG)
- Umsatzabgabe (UA gem. BG über die Stempelabgabe, StG)

Einkommens- und Vermögenssteuern

In Vertragsform ausgestaltete schweizerische Anlagefonds haben keine eigene Rechtspersönlichkeit und stellen kein selbständiges Steuersubjekt dar, sie werden fiskalisch als transparent betrachtet (Ausnahme: Immobilienfonds mit direktem Grundbesitz).

In Vertragsform ausgestaltete schweizerische Anlagefonds haben keine eigene Rechtspersönlichkeit und stellen kein selbständiges Steuersubjekt dar, sie werden fiskalisch als transparent betrachtet.

Ertrag und Vermögen eines Fonds werden demnach nicht bei ihm selbst, sondern ausschliesslich bei den Anlegern (nach Massgabe ihrer Anteile am Fonds) mit der Einkommenssteuer (direkte Bundessteuer und kantonale Steuern) und der Vermögenssteuer (kantonale Steuern) besteuert.

Ob es sich um Erträge aus Ausschüttungsfonds oder Thesaurierungsfonds handelt, spielt für die Besteuerung keine Rolle. Ebenfalls keine Rolle spielt, ob es sich um Erträge aus Anteilen an einem schweizerischen oder einem ausländischen Fonds handelt.

Sofern er separat von den Vermögenserträgen (z.B. Dividenden) ausgewiesen wird, gilt derjenige Anteil des Ertrags aus Fondsanteilen, der aus Kapitalgewinnen stammt, beim privaten Anleger als einkommenssteuerfreier Kapitalgewinn.*

Die Höhe der Einkommens- und Vermögenssteuerbelastung der Fondserträge bzw. -marktwerte wird nicht nur durch diese selbst bestimmt, sondern hängt von der Höhe des gesamten steuerbaren Einkommens bzw. Vermögens des Anlegers ab (Steuerprogression).

Der Gewinn, den ein privater Anleger mit dem Verkauf von Anteilen an ETF (≠ Rückgabe der Titel) erzielt, ist ebenfalls steuerfrei, allenfalls realisierte Verluste sind nicht vom restlichen steuerbaren Einkommen abziehbar.*

Verrechnungssteuer (VSt)

Die Erträge aus schweizerischen Kapitalanlagen (z.B. Dividenden einer schweizerischen AG) unterliegen der schweizerischen VSt von 35%. Die VSt auf solchen Erträgen, die in einen schweizerischen ETF fliessen, kann vom Fondsmanagement bei der Eidgenössischen Steuerverwaltung (ESTV) im Namen des Fonds zurückgefordert und dem Fondsvermögen zugeführt werden.

Die Ertragsausschüttung des schweizerischen ETF unter liegt selbst der VSt, sie wird durch das Fondsmanagement an die ESTV abgeführt (bei Thesaurierungsfonds ist die VSt erst bei Rückgabe der Anteile geschuldet). Auch bei der VSt gilt, dass sie auf aus Kapitalgewinnen stammenden Einnahmen nicht abgezogen werden muss, sofern diese Ertragsbestandteile separat ausgewiesen werden.

Die VSt auf den vom Anleger deklarierten Erträgen wird mit dem von ihm geschuldeten Einkommenssteuerbetrag verrechnet.

Umsatzabgabe (UA)

Die UA fällt an, wenn bei einer entgeltlichen Übertragung von Anteilen an einem ETF eine Vertragspartei oder ein Vermittler Effektenhändler ist (Broker, Bank etc.). Während im Sekundärmarkt nicht danach unterschieden wird, ob es sich um Anteile an einem schweizerischen oder einem ausländischen ETF handelt, ist im Primärmarkt die UA lediglich bei der Emission von Anteilen an ausländischen Fonds geschuldet.

Die Höhe der UA beträgt – pro Vertragspartei – bei Anteilen an schweizerischen ETF 0,75‰, bei Anteilen an ausländischen ETF 1,5‰ des Transaktionspreises.

Für die Abrechnung der UA gegenüber der ESTV sind die an einer Transaktion beteiligten Effektenhändler verantwortlich.

Bitte beachten Sie, dass die Steuergesetze sich ändern und die oben aufgeführten Erläuterungen angepasst werden können. Konkrete Problemstellungen klären Sie am besten mit Ihrem Steuerberater.

> Die Umsatzabgabe fällt an, wenn bei einer entgeltlichen Übertragung von Anteilen an einem ETF eine Vertragspartei oder ein Vermittler Effektenhändler ist (Broker, Bank etc.).

---

* Personen, die gewerbsmässig handeln, müssen Kapitalgewinne als Einkommen versteuern. Die Einteilung in «professioneller Anleger» und «privater Anleger» ist häufig nicht trivial und unterliegt kantonalen Unterschieden. Im Kreisschreiben Nr. 8 vom 21. Juni 2005 der Hauptabteilung DVS hat die Eidgenössische Steuerverwaltung verbindliche Kriterien formuliert, die die Unterscheidung zwischen privatem und professionellem Wertschriftenhändler vereinfachen sollen.

16. Praktische Hilfe: Auswahl und Handel von ETF

16.1 So wählen Sie einen ETF aus

Als kotierte Finanzinstrumente können ETF während der Handelszeiten fortlaufend an der Börse ge- und verkauft werden. Doch sowohl bei der Titelselektion als auch bei der Börsentransaktion gibt es einige Dinge zu beachten.

1. Ein erfolgreiches Investment beginnt immer mit der richtigen Indexauswahl. Bevor Sie Gebühren, Produktanbieter oder Tracking Error vergleichen, müssen Sie sich im Klaren sein, welchen Index Sie kaufen möchten. Betrachten Sie Ihr bestehendes Portfolio und überlegen Sie, welche Anpassungen und/oder Ergänzungen Sie durchführen möchten, um ein optimales Rendite-Risiko-Profil zu erreichen. Welche Region ist unterrepräsentiert? Welche Branchen bieten attraktive Renditechancen? Gibt es Titel, die im Index (zu) hoch gewichtet sind? Sollten Sie Ihr Depot eventuell mit einem Short-Produkt absichern?
    Wichtig: Die in der Vergangenheit erzielte Rendite eines Index ist keine Garantie für ein zukünftig erfolgreiches Investment.

2. Haben Sie sich für ein Market Exposure entschieden, können Sie beispielsweise auf www.six-swiss-exchange. com nach dem geeigneten Produkt suchen. Es steht Ihnen eine Suchmaske mit einer Vielzahl von Selektionsparametern zur Verfügung. Haben Sie sich beispielsweise entschieden, einen ETF auf den Schweizer Marktindex SMI® in Ihr Portfolio

aufzunehmen, können Sie sich an den folgenden Parametern für die Titelselektion orientieren.

3. Vergleichen Sie die **Managementgebühr** der verschiedenen Anbieter, die auf den SMI® ETF lanciert haben. Vergleichen Sie **nicht** unterschiedliche Market Exposures miteinander (z.B. einen ETF auf den SMI® mit einem ETF auf Emerging Markets). Die Managementgebühr eines ETF wird in der Regel als Jahresgebühr ausgewiesen, jedoch fortlaufend in kleinen Beträgen dem Fondsvermögen entnommen.

4. Führen Sie einen Spread-Vergleich durch. Betrachten Sie dazu die jeweils bei den verschiedenen Produkten gestellten Quotes der Market Makers. Je kleiner die Differenz zwischen Geld- und Briefkurs, desto preiswerter ist die Transaktion. **Wichtig:** Betrachten Sie den relativen Spread, nicht den absoluten.

Vereinfachtes Beispiel:
ETF1: Geldkurs CHF 49.98 / Briefkurs CHF 50.02
ETF2: Geldkurs CHF 499.90 / Briefkurs CHF 500.10
Absoluter Spread ETF1: CHF 0.04
Absoluter Spread ETF2: CHF 0.2
Relativer Spread ETF1: 0,08 %
Relativer Spread ETF2: 0,04 %

Absolut gesehen ist der ETF1 um CHF 0.16 preiswerter als der ETF2. Auch ist er mit einem Preis von CHF 49.98 pro ETF-Anteil preiswerter als ETF2. Beide Feststellungen führen jedoch zu grossen Interpretationsirrtümern. Als Kriterium für die ETF-Selektion entscheidend ist nämlich der relative Spread. Er zeigt auf, ob ein ETF relativ gesehen preiswerter oder teurer ist als ein Vergleichsprodukt. Auch der absolute Preis je ETF-Anteil lässt keine Aussage über die Titelselektion zu. Bei Produkten auf denselben Index kann z.B. ein unterschiedlicher Indexdivisor ausschlaggebend sein. Im obigen Beispiel sollten Sie daher in Bezug auf den Spread den ETF2 bevorzugen, da er relativ gesehen preiswerter ist als ETF1.
Fazit: Vergleichen Sie nur, was auch vergleichbar ist (Produkte auf denselben Basiswert), und betrachten Sie dasjenige Kriterium, das ausschlaggebend ist für die Beurteilung eines Spread (relativer Spread).

5. Vergewissern Sie sich, ob Sie mit einem bestimmten ETF-Investment ein Währungsrisiko auf Stufe des Fonds in Ihr Portfolio holen. Prüfen Sie überdies, ob die Fondswährung (= Basiswährung) von der Handelswährung abweicht. Ist dies der Fall, sind Sie einem Währungsrisiko auf Stufe des Fonds ausgesetzt.

6. Auch ein Blick auf vergangenheitsbezogene Parameter kann für die Auswahl eines ETF einen Einfluss haben. Betrachten Sie die Total Expense Ratio (TER). Die TER ist eine Kennzahl, welche die gesamthaft dem Fondsvermögen entzogenen Gebühren ins Verhältnis zum gesamten Fondsmögen setzt. In der Schweiz definiert der Schweizerische Anlagefondsverband (SFA) den betrachteten Zeitraum als die letzten zwölf Monate. Des Weiteren lohnt sich ein Blick in den Jahresbericht des Fonds. Falls, wie branchenüblich, Erträge aus der Wertpapierleihe generiert wurden, sehen Sie dort die Höhe der für Sie im Hintergrund erwirtschafteten Erträge.

7. Nicht zuletzt können weitere Indikatoren auch das aktuelle Fondsvermögen des ETF, der Track Record des Emittenten, die Rechtsform des Fonds oder die von der Hausbank erhobenen Courtagen sein.

Abb. 20: Das Investorenportal der SIX Swiss Exchange

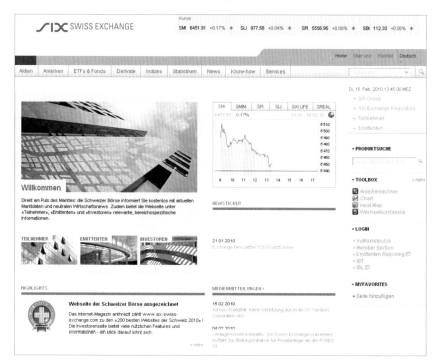

Quelle: www.six-swiss-exchange.com

Direkt am Puls des Marktes

Die Webseite der Schweizer Börse SIX Swiss Exchange bietet eine Vielzahl an Informationen und unterstützt Anleger gezielt bei der Auswahl desjenigen ETF, der ihren Anlagewünschen entspricht.

Unter www.six-swiss-exchange.com erhalten Investoren verständlich aufbereitete Marktdaten, fundiertes Produkt- und Börsenwissen, kompakte Wirtschaftsnews, aktuelle Börsenkurse, neutrale Informationen zu Unternehmen und Anlageprodukten sowie umfangreiche Analysen und Ratings.

Eine besondere Dienstleistung ist der personalisierte Bereich «myMarketpulse», der raffinierte Services zur Beobachtung des persönlichen Portfolios bietet:
– Die Watchlist informiert jederzeit über den Stand der ausgewählten Wertpapiere (Aktien, ETF, Anleihen etc.)
– Mit einer Alarmliste werden User per SMS oder E-Mail sofort informiert, sobald ein Titel den festgelegten Wert über- bzw. unterschreitet.
– Auf der persönlichen Seite können Charts, News, Börsenkurse und vieles mehr individuell zusammengestellt und so der Markt aufmerksam beobachtet werden.
– Der Analysten-Kompass zeigt auf, wie Analysten von Banken und unabhängigen Instituten die Aktienentwicklung beurteilen.

Im Bereich der Exchange Traded Funds stehen detaillierte Such- und Vergleichs-
möglichkeiten zur Verfügung. Mithilfe einer Vielzahl von Parametern können User
auf einfache und benutzerfreundliche Art den für die eigenen Bedürfnisse best-
möglichen Exchange Traded Fund finden. Aktuelle Kurse (15 Minuten verzögert) und
die komplette Auflistung aller an SIX Swiss Exchange gehandelten ETF finden Sie
unter folgendem Link:

www.six-swiss-exchange.com/funds/explorer/etf.html

Seien auch Sie direkt am Puls des Marktes.

Die Dienste unter www.six-swiss-exchange.com stehen in den Sprachen Deutsch,
Englisch und Französisch kostenlos zur Verfügung.

Abb. 21: Fondssuche von SIX Swiss Exchange mit umfassenden Suchparametern

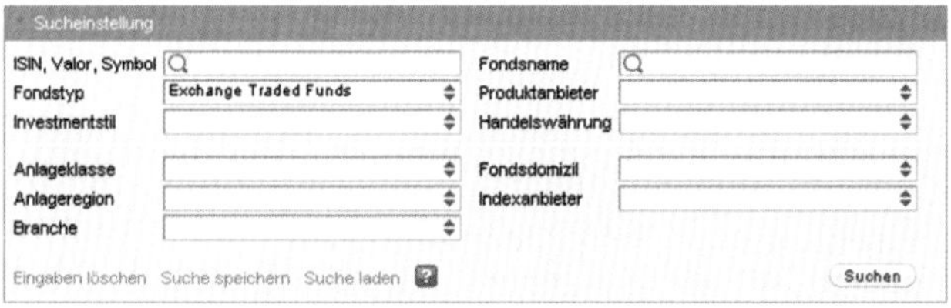

Quelle: www.six-swiss-exchange.com

16.2   So können Sie ETF kaufen und verkaufen

16.2.1 Handel an der Börse

Einer der wichtigsten Vorteile von ETF ist der aktienähnliche
Handel. Doch auch beim Kauf resp. Verkauf von ETF sind einige
wichtige Dinge zu berücksichtigen:

1. An der Börse handeln können Sie nicht direkt, sondern
   ausschliesslich über einen Finanzintermediär (Bank oder
   Broker). Je nach Anbieter fallen für Börsengeschäfte Courtagen in unterschiedlicher Höhe an. Informieren Sie sich
   direkt bei den Anbietern, um das für Sie passende Dienst-
   leistungsangebot zu finden. Denn schon die unterschiedliche
   Courtagenhöhe kann Rendite kosten. Der ETF-Handel an
   SIX Swiss Exchange findet ganztägig während der offiziellen
   Handelszeiten statt.

2. Es empfiehlt sich, ETF dann zu kaufen resp. zu verkaufen, wenn der zugrundeliegende Basiswert ebenfalls gehandelt wird. Wollen Sie z.B. einen ETF auf den S&P 500 kaufen, so kaufen Sie ihn am besten nach 15.30 Uhr (GMT ı 1). Warum? Sie erhalten in aller Regel einen engeren Spread, also einen besseren Preis, wenn die Märkte des Basiswerts geöffnet haben. Dies liegt daran, dass sich der für die Liquidität verantwortlich zeichnende Market Maker in offenen Märkten besser absichern kann als in geschlossenen. Ist das Risiko des Market Maker für seine Absicherungsgeschäfte kleiner, kann er bessere An- und Verkaufskurse stellen. Schauen Sie also auf die Zusammensetzung des Basiswerts hinsichtlich der Heimatmärkte und terminieren Sie Ihre Transaktionen entsprechend.

3. Wie auch schon in Kapitel 16.1 aufgezeigt, sollten Sie die Parameter Spread und Handel nahe dem iNAV möglichst zeitnah an der Transaktion überprüfen. Je nach Anbieter und Webseite stehen sowohl aufseiten der Bank des Brokers als auch aufseiten der ETF-Emittenten Realtime-Kurse zur Verfügung.

4. Wickeln Sie Ihre Transaktionen wenn immer möglich als Limit-Order ab. Diese Order-Art garantiert Ihnen, dass Sie auch wirklich den Preis erzielen, zu dem Sie Ihr Wertpapier kaufen resp. verkaufen wollen.

5. Haben Sie den entsprechenden Titel gekauft, empfiehlt es sich, weiterhin mit Limiten zu arbeiten. Denn mit dem Einsatz von Limiten können Sie allfällige Verluste begrenzen resp. Gewinne absichern.

> Mit dem Einsatz von Limit-Order-Typen können allfällige Verluste begrenzt resp. Gewinne abgesichert werden.

Nachfolgendes Beispiel verdeutlicht dies:
Sie erwerben 200 Anteile des Muster-ETF über SIX Swiss Exchange, indem Sie über Ihre Bank einen limitierten Kaufauftrag zu einem Preis von CHF 100.00 aufgegeben haben. Ihr Depotwert direkt nach dem Kauf ist nun rund CHF 20'000.00. Als risikoaverser Anleger sind Sie auf Sicherheit bedacht und möchten einen allfälligen Verlust auf maximal CHF 2'000.00 beschränken. Um dies ohne grossen Überwachungsaufwand zu tun, geben Sie in die Auftragsmaske Ihrer Bank eine Stop-Loss-Order bei CHF 90.00 mit einer von Ihnen gewählten Gültigkeitsdauer ein. Was bedeutet dies nun? Eine Stop-Loss-

Order sendet einen Bestens-Verkaufsauftrag in das Orderbuch, sobald der Kurs die definierte Limite erreicht hat. In diesem Beispiel wird eine Bestens-Verkaufsorder automatisch an das Börsensystem übermittelt, sobald der ETF die Limite von CHF 90.00 erreicht hat. Somit begrenzen Sie Ihre Verluste auf das maximal von Ihnen definierte Verlustpotenzial. Steigt der Kurs der ETF-Anteile auf beispielsweise CHF 120.00, so empfiehlt es sich, die Stop-Loss-Order «nachzuziehen». Das heisst, Sie löschen die bei CHF 90.00 gesetzte Order und geben einen neuen Stop-Loss-Auftrag in Ihr Börsensystem ein. In der Regel bietet Ihre Hausbank oder Ihr Broker das Löschen und Neuaufgeben von Orders zum Nulltarif an. Nun haben Sie die Möglichkeit, die Stop-Loss-Order bei CHF 110.00 zu setzen. Sollte der Kurs der ETF-Anteile wieder fallen und CHF 110.00 erreichen, werden Ihre ETF-Anteile automatisch am Markt verkauft. Sie haben nun im besten Fall einen Gewinn von CHF 10.00 pro ETF-Anteil erwirtschaftet.

Steigt der ETF-Kurs weiter, können Sie in regelmässigen Abständen die Stop-Loss-Aufträge anpassen und so grössere Gewinne absichern. Neben dem Gewinnabsicherungsmechanismus erleichtern Limiten auch den Bewirtschaftungsaufwand eines Depots, z.B. während eines Urlaubs oder sonstiger Absenzen, während deren Sie keinen Zugriff auf Ihr Börsenhandelssystem haben.

Abb. 22: Beispielhafte Anwendung von bedingten Auftragsarten zur Verlustminimierung resp. Gewinnabsicherung

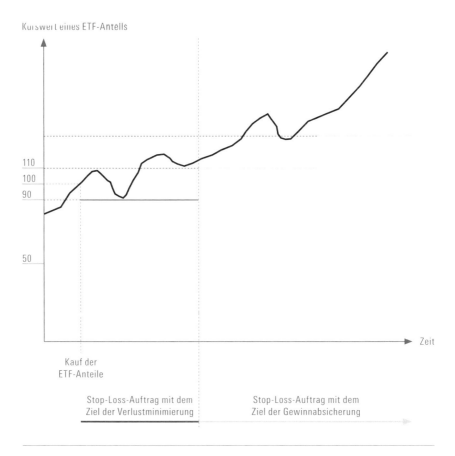

Quelle: SIX Swiss Exchange

Achtung: Stop-Loss-Orders haben zwei grosse Nachteile. Erstens kann es sein, dass Sie als Investor bei einem kurzen, aber heftigen Kursrückschlag ausgestoppt werden, der Kurs sich aber sofort erholt und über Ihre Stop-Loss-Limite steigt. Daher gilt es immer, ein möglichst feines Gespür für die Volatilität des zugrundeliegenden Basiswerts zu entwickeln, um eine optimale Stop-Loss-Strategie zu verfolgen. Zweitens liegt die Crux des Stop-Loss-Auftrags in der Übermittlung einer Bestens-Order. Ist der Stop-Kurs berührt, geht besagte Bestens-Order an den Markt. Fehlt zu diesem Zeitpunkt ein Kaufangebot, kann es sein, dass die Ausführung zu einem tieferen Preis stattfindet. Dies ist insbesondere in hochvolatilen Märkten oder sogenannten Fast Markets der Fall, wo heftige Kursrutsche viele Investoren dazu veranlassen, ihre Produkte zu verkaufen.

Als Alternative zur Stop-Loss-Order können Investoren daher auf Stop-Loss-Limit-Orders zurückgreifen. Stop-Loss-Limit-Aufträge sind limitierte Verkaufsorders mit einem vorhergeschalteten Trigger. Das heisst konkret bezogen auf die Ausgangslage des obigen Beispiels: Geben Sie eine Stop-Loss-Limit-Order mit einem Trigger bei CHF 90.00 und einer Limite von CHF 88.00 in das Börsensystem, wird nach der Erreichung des Börsenkurses von CHF 90.00 ein limitierter Verkaufsauftrag von CHF 88.00 an das Börsensystem übermittelt. Je nach Investor sind Stop-Loss-Limit-Orders beliebter als Stop-Loss-Orders.

16.2.2   OTC-Handel

Professionelle Investoren mit hohen Anlagesummen können ein Geschäft auch ausserbörslich (over the counter, kurz: OTC) abhandeln. Diese Abschlüsse werden vom Market Maker dann an die Börse rapportiert. Dies offizialisiert den OTC-Abschluss und fördert die Transparenz im ETF-Markt.

OTC-Abschlüsse können auf verschiedene Arten zustande kommen. Einerseits kann der beste Preis angefragt werden (der sogenannte Risk Price), denn für hohe Beträge kann der Market Maker zum Teil bessere Preisstellungen offerieren als für den börslichen Handel. Andererseits ist es auch möglich, dass ein Kunde zum Schlusspreis an der Börse oder zum Nettoinventarwert handeln will. Auch ein volumengewichteter Durchschnittspreis kann nachgefragt werden.

17. Einbeziehung von ETF in Investmentstrategien

Exchange Traded Funds werden in einer Vielzahl von Investmentstrategien eingesetzt. Grundsätzlich gilt, dass ETF nicht den Anspruch haben, eine Benchmark zu schlagen und somit eine Outperformance (sog. Alpha) zu generieren, sondern vielmehr einen Markt so optimal wie möglich abzubilden (sog. Beta). Nachfolgend werden einige Einsatzmöglichkeiten von ETF vorgestellt.

17.1 Core-Satellite-Strategie

Als Core-Satellite-Strategie bezeichnet man im Portfoliomanagement die Aufteilung des Portfolios in einen breit diversifizierten Kern (Core) und mehrere kleine Einzelinvestitionen (Satellite).

Dabei soll das Kerninvestment möglichst genau die Marktrendite (Beta) erreichen, wohingegen über Satelliteninvestments eine Outperformance (Alpha) erzielt werden soll.

Als Finanzinstrumente für den diversifizierten Kern bieten sich insbesondere ETF an, da sie einen preiswerten Zugang zu einem breit diversifizierten Portfolio bieten. Dieses sollte im Idealfall ein risikoaverses Investment sein.

Über die Satelliteninvestments, die jeweils nur einen geringen Vermögensteil am Gesamtportfolio darstellen, wird versucht, eine über dem Marktdurchschnitt liegende Rendite zu erwirtschaften. Dabei ist eine geringe Korrelation mit dem Core-Portfolio aus Diversifikationsgründen sehr ratsam.

Beispiele für Satelliteninvestments sind häufig spezielle geografische Regionen (z.B. Emerging Markets), andere Anlageklassen (z.B. Rohstoffe oder Immobilien) oder auch Ma-

Als Core-Satellite-Strategie bezeichnet man im Portfoliomanagement die Aufteilung eines Portfolios in einen breit diversifizierten Kern (Core) und mehrere kleine Einzelinvestitionen (Satellite).

nagementstile/-strategien (z.B. Small Caps). Als Produkte können neben aktiven Produkten auch passive Instrumente wie ETF dienen. Diese Satellitenanlagen zeichnen sich, zusätzlich zu interessanten Renditeaussichten, auch durch entsprechend höhere Risiken aus.

Dank der grossen Produktvielfalt von ETF kann ein gesamtes Portfolio mit ETF nach dem Core-Satellite-Ansatz aufgebaut werden.

Core-Satellite-Strategien gehören bei institutionellen Investoren und Vermögensverwaltern mittlerweile zu den Standardstrategien. Dank ETF kann dieser Ansatz jedoch auch einfach und kosteneffizient von Privatanlegern umgesetzt werden.

> Dank der grossen Produktvielfalt von ETF kann ein gesamtes Portfolio mit ETF nach dem Core-Satellite-Ansatz aufgebaut werden.

Abb. 23: Core-Satellite-Ansatz

Quelle: SIX Swiss Exchange

17.2   Asset Allocation

Asset Allocation bezeichnet eine Investmentstrategie, welche die Aufteilung des Vermögens auf verschiedene Anlagekategorien im Fokus hat. Der Sinn einer Aufteilung nach Anlageklassen besteht darin, dass sich das Gesamtrisiko durch die Diversifikation auf verschiedene, nicht hochgradig miteinander korrelierte Anlageklassen des Portfolios reduzieren lässt.

> Asset Allocation bezeichnet eine Investmentstrategie, welche die Aufteilung des Vermögens auf verschiedene Anlagekategorien im Fokus hat.

Man unterscheidet zwischen klassischen Anlagekategorien wie Aktien, Geldmarktinvestments, Anleihen, Hypotheken, Währungen und Immobilien und nichttraditionellen Anlagen wie Private Equity, Hedge Funds und Rohstoffe.

Die Gewichtung und Zusammenstellung der einzelnen Vermögensklassen kann komplett auf die Bedürfnisse des Investors abgestimmt werden.

Aufgrund der Produktvielfalt von ETF lässt sich die Asset Allocation einfach und preiswert in die Praxis umsetzen.

Abb. 24: Beispielhafte Asset Allocation: 90 % traditionelle Anlageklassen / 10 % nichttraditionelle Anlageklassen

2,5 % Private Equity
5 % Rohstoffe
15 % Immobilien
5 % Geldmarkt

2,5 % Hedge Funds
30 % Aktien
40 % Obligationen

Quelle: SIX Swiss Exchange

17.3   Weitere Einsatzmöglichkeiten

Exchange Traded Funds finden neben den beschriebenen Einsatzvarianten auch Anwendung in den folgenden Strategien:

Transition Management
ETF werden im Rahmen des Transition Management eingesetzt, um in der Zeit einer Restrukturierung oder Neustrukturierung eines Portfolios dennoch im Markt investiert zu sein. Dies kann beispielsweise bei Pensionskassen der Fall sein, wenn der Fondsmanager oder Consultant wechselt oder regulatorische Anpassungen vorgenommen werden müssen.

Cash Management
Aktive Fondsmanager, die Barmittelbestände (Cash) halten, die sie erst zu einem späteren Zeitpunkt wieder in Einzeltitel investieren wollen, haben mit ETF das perfekte Finanzinstrument, um trotzdem im Zielmarkt engagiert zu sein.

Sektorallokation/Dividendenstrategie/Size-Strategie

Mit immer mehr und neuartigen ETF können die verschiedensten Strategien einfach und kostengünstig umgesetzt werden. So kann auf breit diversifizierte Sektor-ETF gesetzt werden, die zum Beispiel die weltweite Finanzbranche abbilden. Des Weiteren können Anleger in diejenigen Firmen investieren, welche die höchsten Dividenden ausschütten. Das Gleiche gilt für die Size-Strategie, wo zwischen Small-, Mid- und Large-Cap-Aktien unterschieden wird. So kann entweder auf kleinkapitalisierte Unternehmen einer Region oder auch auf grosskapitalisierte Blue Chips gesetzt werden.

18. Glossar

Absicherung	Auch Hedging: Strategie zum Schutz einer Position oder eines Portfolios gegen nachteilige Marktveränderungen. Zu einer bestehenden Wertpapierposition wird eine Gegenposition aufgebaut, die das Risiko innerhalb des Portfolios minimieren soll.
Agio	Auch Aufgeld, Aufschlag: Als Agio wird der prozentuale Unterschied zwischen dem Nennwert und dem höheren Kurswert (Ausgabepreis, erster Handelspreis, aktueller Preis) eines Wertpapiers bezeichnet. Bei Fonds gleichzusetzen mit Ausgabeaufschlag.
Aktie	Wertpapier, das dem Inhaber einen Anteil am Grundkapital und somit am Vermögen einer Aktiengesellschaft sowie bestimmte Mitgliedschaftsrechte am Unternehmen verbrieft. Die an der Börse ermittelten Kurse richten sich nach Angebot und Nachfrage.
Aktiver Fonds	Anlagefonds, dessen Wertpapierzusammensetzung und Gewichtung von einem Fondsmanager ausgewählt, beobachtet, überprüft und je nach Marktsituation angepasst wird. Aufgrund höherer Research-, Personal- und Verwaltungskosten weisen aktive Fonds in der Regel eine höhere Total Expense Ratio auf als passive Fonds.
Anleihe	Auch Bond oder Obligation: Schuldverschreibung, die i.d.R. eine feste Verzinsung während der gesamten Laufzeit bietet.
Alpha	Unter dem Begriff Alpha versteht man die relative Mehrrendite eines Investments, die durch aktives Management einer Investition im Vergleich zur Benchmark erreicht wird. Durch das Alpha wird die Out- bzw. Underperformance, z.B. eines Fonds, im Verhältnis zur Benchmark dargestellt. Ein positiver Alpha-Faktor bedeutet, dass sich der Wert besser als die Benchmark entwickelt hat, ein negativer Alpha-Faktor, dass er schlechter performt hat.
Arbitrage	Ausnutzung unterschiedlicher Kurse bei gleichzeitigem Kauf und Verkauf von Wertpapieren an verschiedenen Börsenplätzen. Theoretisch Gewinnerzielung ohne Risiko.
Ask	Siehe Briefkurs.
Asset-Klassen	Als Asset-Klasse bezeichnet man ein Anlagesegment, in das investiert wird, wie beispielsweise Aktien, Anleihen oder Rohwaren.

Asymmetrisches Auszahlungsprofil	Nichtlineare Entwicklung eines Finanzinstruments (z.B. ETSF) zu seinem Basiswert. Asymmetrische Auszahlungsprofile ermöglichen Strukturen wie Kapitalschutz oder Renditeoptimierung.
Ausgabeaufschlag	Gebühr, die der Anleger beim Erwerb von aktiven Wertpapierfondsanteilen zur Deckung der Ausgabekosten zahlt. Sie beträgt je nach Fondstyp üblicherweise zwischen 1 und 5%. Exchange Traded Funds hingegen haben keinen Ausgabeaufschlag.
Ausschüttung	Ausschüttung ist das Gegenteil von Thesaurierung. Zu einem definierten Termin werden ordentliche Erträge, wie Zinsen und Dividenden, an die Anteilseigner in Form von Barmitteln ausgeschüttet
Basiseffekt	Effekt, der verantwortlich dafür ist, dass zeitraumbetrachtete Renditen bei Leverage- und Short-Indizes nicht multipliziert werden können. Ursache ist die pfadabhängige Berechnungsgrundlage über die Zeit.
Benchmark	Auch Vergleichsindex, Vergleichsmassstab: Bezeichnung für Referenzwerte, die als Vergleich zu eigenen Investments oder für die Performance von Investmentfonds verwendet werden.
Bestens-Auftrag	Auftrag ohne Angabe einer Preislimite. Die betroffenen Wertpapiere werden zum nächstmöglichen Preis ge- oder verkauft.
Beta	Mass für die Schwankung des Aktienkurses im Vergleich zum Gesamtmarkt (repräsentiert durch einen Index).
Bid	Siehe Geldkurs.
Blue Chips	Bezeichnung für die meistgehandelten, höher kapitalisierten Aktien an einer Börse.
Bond	Siehe Anleihe.
Briefkurs	Als Briefkurs bezeichnet man den Preis, zu dem Verkäufer bereit sind, ihre Aktien zu verkaufen.
Buy-and-Hold-Strategie	Deutsch: Kaufen-und-Halten-Strategie. Anlagestrategie, bei der die Wertpapiere über einen langen Zeitraum gehalten werden.
Cashdrag	Phänomen, das auftritt, wenn Barmittel im Fondsvermögen sind. Sie sorgen bei steigenden Märkten für eine relative Underperformance des Fonds gegenüber der Benchmark, in fallenden Märkten für eine relative Outperformance.
Courtage	Banken- oder Brokerentgelt für die Durchführung einer Börsentransaktion.
Derivate	Finanzinstrumente, deren Preisentwicklung sich nach den Kursschwankungen oder den Preiserwartungen für andere Wertpapiere richtet. Derivate können so konstruiert werden, dass sie die Preisveränderungen der Basiswerte überproportional nachbilden. Beispiele für Derivate sind Futures, Optionen, Swaps u.ä. Produkte.
Diversifikation	Auch Risikostreuung: Streuung des Vermögens auf unterschiedliche Anlageformen bzw. -werte. Ziel ist ein Portfolio mit einer möglichst hohen Rendite bei gleichzeitig möglichst geringem Risiko.
Dividende	Die Dividende ist der auf eine Aktie entfallende Anteil an der Gewinnausschüttung einer Aktiengesellschaft. Wie hoch die Dividende ausfällt, bestimmt die Aktionärsversammlung

Emerging Markets	Aufstrebende Märkte mit grossem Wirtschaftswachstum werden als Emerging Markets bezeichnet. Als Emerging Markets gelten zum Beispiel die Aktienmärkte in Lateinamerika, Afrika und Osteuropa
Emittent	Herausgeber von Wertpapieren, z.B. ETF, strukturierten Produkten oder Anleihen.
Exchange Traded Funds (ETF)	Kotierte Investmentfonds ohne Laufzeitbegrenzung, die während der Börsenhandelszeiten fortlaufend gehandelt werden können. Ziel eines ETF ist es, einen bestimmten Index 1:1 abzubilden. Aus rechtlicher Sicht stellen ETF gem. Art. 35 KAG ein Sondervermögen dar.
Exchange Traded Structured Funds (ETSF)	Kotierte Investmentfonds, welche die Vorteile von ETF und strukturierten Produkten verbinden. ETSF können wie strukturierte Produkte ein asymmetrisches Auszahlungsprofil aufweisen und dabei wie ETF den gesetzlichen Schutz des Fondsmantels in sich vereinen
Fondsmanager	Person, die durch ihre Entscheidungen die Investitionen eines Fonds bestimmt. In der aktiven Kapitalanlage mit der Absicht, das Vermögen des Fonds im Rahmen seiner Strategie und seines Ziels bestmöglich zu vermehren, in der passiven Kapitalanlage mit dem Ziel der möglichst genauen Nachbildung einer Benchmark.
Fondsvermögen	Gesamtwert aller Vermögenswerte eines Fonds. Das Fondsvermögen eines Wertpapierfonds besteht aus Aktien und/oder festverzinslichen Wertpapieren, einer Barreserve sowie sonstigen Vermögenswerten.
Gegenparteirisiko	Auch Ausfallrisiko: Risiko, das darin besteht, dass eine Vertragspartei ihren Verpflichtungen nicht nachkommt und somit einer anderen Vertragspartei einen finanziellen Schaden verursacht.
Geldkurs	Als Geldkurs bezeichnet man den Preis, zu dem Käufer bereit sind, Wertpapiere zu kaufen.
Gesamtkostenquote	Siehe Total Expense Ratio.
iNAV (indikativer Nettoinventarwert)	Näherungswert des fortlaufend berechneten Fondsvermögens, das sich aus den zu Marktpreisen bewerteten Einzelpositionen, addiert mit dem Baranteil, abzüglich der Verbindlichkeiten, dividiert durch die Anzahl der sich im Umlauf befindenden Fondsanteile, zusammensetzt. Der iNAV dient als Transparenzgut für den Handel von ETF
Indexanpassung	Turnusmässige Anpassung eines Index auf Basis des vom Indexanbieter fixierten Regelwerks.
Institutioneller Anleger	Institutionen, die in grossem Umfang auf den Geld- und Kapitalmärkten handeln (z.B. Pensionskassen, Versicherungen, Kapitalanlagegesellschaften).
Investmentzertifikat	Ein Wertpapier, das die Partizipation an den Kursveränderungen eines Basiswerts ermöglicht. Investmentzertifikate sind prinzipiell Schuldverschreibungen eines Emittenten ohne Zinszahlungen, aber mit fixen Auszahlungsmodalitäten zu einem fixen Ablaufdatum.

KAG	Schweizerisches Bundesgesetz über die kollektiven Kapitalanlagen. Das neuste KAG ist seit 1.1.2007 in Kraft und bezweckt den Schutz der Anleger sowie die Förderung der Transparenz und der Funktionsfähigkeit des schweizerischen Fondsmarktes. Neuerungen beziehen sich u.a. auf neue Rechtsformen und die Möglichkeit, Derivate einzusetzen.
Liquidität	Im Bösenjargon die Eigenschaft eines Marktes, in dem Wertpapiere jederzeit problemlos ge- und verkauft werden können. Aus Sicht des Risikomanagements ist eine fortlaufende Handelbarkeit essenziell, um in jeder Marktsituation effizient agieren zu können.
Long	Geht ein Investor in einem Börsenhandelsgeschäft eine Kaufposition ein (in Erwartung steigender Kurse), so ist er «long». Gegenteil: «short».
Management-gebühr	Für Portfoliomanagement- und Verwaltungsleistungen erhobene Gebühr des Emittenten, ausgewiesen als fixer Prozentsatz des Fondsvermögens. Die Managementgebühr wird turnusmässig automatisch vom Fonds-vermögen entzogen.
Market Maker	Marktteilnehmer, der während der gesamten Börsenzeit verbindliche An- und Verkaufskurse stellt. Der Market Maker dient der Sicherstellung einer ausreichenden Liquidität am Markt.
NAV (Netto-inventarwert)	Einmal täglich berechneter Gesamtwert des Vermögens eines Invest-mentfonds. Der NAV dient als Grundlage für die Berechnung des iNAV.
Obligation	Siehe Anleihe.
Optionsschein	Verbrieft das Recht, innerhalb oder am Ende eines bestimmten Zeitraums einen bestimmten Basiswert zu einem im Voraus bekannten Preis zu kaufen (Call) oder zu verkaufen (Put).
Outperformance	Bezeichnung für eine bessere Entwicklung eines Wertpapiers gegenüber dem Markt resp. seiner Benchmark. Gegenteil: Underperformance.
Passiv verwalteter Fonds	Anlagefonds mit dem Ziel, einen Index 1:1 abzubilden und dessen Performance mitzumachen. ETF sind passiv verwaltete Fonds.
Performance	Als Performance wird die Wertentwicklung eines Wertpapiers oder eines ganzen Wertpapierdepots bezeichnet.
Performance-index	Auch Total-Return-Index: Ein Performanceindex berücksichtigt im Ge-gensatz zu einem Preisindex zusätzlich die Dividendenzahlungen der in ihm enthaltenen Unternehmen und gibt damit Auskunft über die vollständige Wertentwicklung eines Portfolios.
Portfolio	Der Gesamtbestand der Wertpapieranlagen eines Anlegers wird Portfolio genannt. Dazu können Aktien ebenso zählen wie Anleihen, ETF, Options-scheine usw.
Preisindex	Auch Kursindex: Berücksichtigt im Gegensatz zum Performanceindex keine Dividendenzahlungen der in ihm enthaltenen Unternehmen und dient vor allem als Benchmark für die Entwicklung des zugrundeliegenden Marktes.
Primärmarkt	Auch Emissionsmarkt: Markt für die Erstausgabe von Finanzkapital.

Short	Geht ein Investor in einem Börsenhandelsgeschäft eine Verkaufsposition ein (in Erwartung fallender Kurse), so ist er «short».
Small Cap	Bezeichnung für Aktien mit einer geringen Marktkapitalisierung. Diese Aktien sind häufig durch hohes Wachstumspotenzial, aber auch durch hohe Volatilität gekennzeichnet.
Sondervermögen	Strikt vom Gesellschaftsvermögen getrenntes Vermögen. Es wird nicht in den Unternehmenswert einer Fondsgesellschaft hineingerechnet, von einer Depotbank verwaltet und wird daher bei Insolvenz des Emittenten ausgesondert.
Spread	Kursunterschied zwischen Geldkurs und Briefkurs. Auch Geld-Brief-Kursspanne.
Swap	Zukünftiger Tausch von Zahlungen zu vertraglich festgeschriebenen Konditionen und Zeitpunkten.
Symmetrisches Auszahlungsprofil	Parallelentwicklung eines Finanzinstruments (z.B. ETF) zu dem zugrundeliegenden Basiswert.
Total Expense Ratio	Verhältnis der Kosten eines Investmentfonds zum gesamten Fondsvermögen.
Tracking	Kursnachverfolgung/Kursnachbildung eines Basiswerts.
Tracking Error	Ist ein Mass für die Qualität der Benchmarknachbildung. Gemessen wird der Tracking Error als Standardabweichung der Differenz zwischen Portfolio- und Benchmarkrendite.
Transaktionskosten	Beim An- und Verkauf von Wertpapieren entstehende Kosten (z.B. Bankprovision, Maklercourtage).
UCITS	Europäische Fondsrichtlinie, deren Ziel der Anlegerschutz ist. Die aktuellste Richtlinie UCITS III erlaubt auch Alternativstrategien über Optionen, Futures und Swaps.
Underperformance	Bezeichnung für eine schlechtere Entwicklung eines Wertpapiers gegenüber dem Markt resp. seiner Benchmark. Gegenteil: Outperformance.
Volatilität	Als Volatilität wird die Intensität der Schwankung des Börsenkurses eines Wertpapiers bezeichnet. Sie gilt als Kriterium zur Beurteilung des Risikos eines Wertpapiers. Bewegt sich der Kurs einer Aktie sehr stark nach oben und unten, hat sie eine hohe Volatilität.
Währungsrisiko	Risiko, das sich aus der Wertverschiebung einer Währung gegenüber einer anderen ergibt.
Wertpapier	1. Wertpapiere im weiteren Sinn: Urkunden, in denen private Rechte verbrieft sind, deren Ausübung grundsätzlich an den Besitz der Urkunde gekoppelt ist. 2. Wertpapiere im engeren Sinn (Effekten): Urkunden, die entweder Forderungs- oder Anteilsrechte verbriefen, einen unbedingten oder bedingten Anspruch auf Ertrag gewähren und mit der Eigenschaft der Fungibilität (Vertretbarkeit) ausgestattet sind.
Zertifikat	Schuldverschreibung eines Emittenten, die Anlegern die Teilnahme an der Kursentwicklung bestimmter Wertpapiere oder anderer Finanzinstrumente verbrieft.

19. Anhang

19.1   Über SIX Swiss Exchange AG

SIX Swiss Exchange

SIX Swiss Exchange führt Teilnehmer, Emittenten und Investoren auf einem effizienten und transparenten Wertpapiermarkt zusammen. Sie ist Heimatbörse und Markt für die Aktien international führender Gesellschaften.

SIX Swiss Exchange ist Teil von SIX Group, die 2008 aus dem Zusammenschluss der SWX Group, der SIS Group und der Telekurs Group hervorgegangen ist. SIX Group erbringt Infrastrukturdienstleistungen für nationale und internationale Teilnehmer des Schweizer Finanzplatzes und deckt den Wertschriftenhandel, die dazugehörige Abwicklung, das Finanzinformationsgeschäft und den Zahlungsverkehr ab.

Die grenzüberschreitenden Dienstleistungen von SIX Swiss Exchange umfassen die Geschäftsfelder Kassamarkt, Informationsprodukte, Entwicklung und Betrieb von Handelsplattformen und die Zulassung von Wertpapieren zum Handel. Von zentraler Bedeutung ist die breite Produktpalette, aber auch das vollständig integrierte und automatisierte Handels-, Clearing- und Abwicklungssystem. Eine weitere wichtige Funktion erfüllt SIX Swiss Exchange, indem sie regulatorische Rahmenbedingungen schafft und ihre Einhaltung überwacht und durchsetzt.

Zusammen mit SIX Exfeed AG sowie den Joint Ventures Eurex, Scoach und STOXX erbringt SIX Swiss Exchange erstklassige Börsendienstleistungen.

www.six-swiss-exchange.com

19.2   Über Verlag Finanz und Wirtschaft AG

Die Anlegerzeitung der Schweiz

Die 1928 gegründete «Finanz und Wirtschaft» bietet Entscheidungshilfen für private und institutionelle Anleger. Zweimal wöchentlich – jeweils am Mittwoch und am Samstag – berichtet sie über das Geschehen an den Finanzmärkten, kommentiert Ereignisse und Trends, liefert Analysen zu kotierten Unternehmen und bietet ihren Leserinnen und Lesern das umfangreichste Kursangebot aller Schweizer Zeitungen. Um dem wachsenden Informationsbedürfnis gerecht zu werden, unterhält der Verlag ausser der grössten Fachredaktion am Hauptsitz in Zürich eigene Redaktionen in Bern, Frankfurt, London, Rom und New York. Langjährige Korrespondenten auf der ganzen Welt ergänzen die redaktionelle Eigenleistung der «Finanz und Wirtschaft».

Im Verlag Finanz und Wirtschaft werden neben der Anlegerzeitung regelmässig auch Eigenpublikationen zu den Themen Finanzen, Börse und Wirtschaft herausgegeben.

Anleger finden zudem unter www.fuw.ch die starke Finanzplattform der «Finanz und Wirtschaft» sowie unter www.fuwreport.ch den täglich vor Handelsbeginn erscheinenden, kostenlosen Börsenreport.

19.3   Rechtliche Hinweise

Keine der hierin enthaltenen Informationen begründet ein Angebot zum Kauf oder Verkauf eines Finanzinstruments, das an SIX Swiss Exchange AG gehandelt wird. SIX Swiss Exchange AG haftet weder dafür, dass die enthaltenen Informationen vollständig oder richtig sind, noch für Schäden von Handlungen, die aufgrund von Informationen vorgenommen werden, die in dieser oder einer anderen Publikation von SIX Swiss Exchange AG enthalten sind.

SIX Swiss Exchange AG behält sich ausdrücklich vor, jederzeit die Preise oder die Produktzusammenstellung zu ändern.

Keine der hierin enthaltenen Informationen beinhaltet eine Anlageberatung oder Empfehlungen für Anlage- und sonstige Entscheide. Die Performance von Effekten in der Vergangenheit ist keine Garantie für die zukünftige Kursentwicklung der betreffenden Effekten.

Für die an SIX Swiss Exchange AG gehandelten Produkte können individuelle länder- bzw. personenspezifische Verkaufsrestriktionen bestehen. Investoren haben in eigener Verantwortung die entsprechenden Produktbedingungen des Emittenten zu beachten.

SIX Swiss Exchange AG ist eine Aktiengesellschaft nach schweizerischem Recht, die eine durch die Eidgenössische Finanzmarktaufsicht (FINMA) genehmigte und überwachte Effektenbörse betreibt. SIX Swiss Exchange AG ist eine in Frankreich, Italien, den Niederlanden und im Vereinigten Königreich anerkannte Börse und kann in Österreich, Finnland, Deutschland, Schweden Belgien und Luxemburg operativ tätig werden.

[®] SIX Group, SIX Swiss Exchange, SPI, Swiss Performance Index (SPI), SPI EXTRA, SPI ex SLI, SMI, Swiss Market Index (SMI), SMI MID (SMIM), SMI Expanded, SXI, SXI Real Estate, SXI Swiss Real Estate, SXI Life Sciences, SXI Bio+Medtech, SLI, SLI Swiss Leader Index, SBI, SBI Swiss Bond Index, SAR, SAR SWISS AVERAGE RATE, SARON, SCR, SCR SWISS CURRENT RATE, SCRON, SAION, SCION, VSMI und SWX Immobilienfonds Index sind eingetragene respektive hinterlegte Marken von SIX Group AG bzw. SIX Swiss Exchange AG, deren Verwendung lizenzpflichtig ist.

19.4   Impressum

Herausgeber:
SIX Swiss Exchange AG
Selnaustrasse 30
Postfach 1758
CH-8021 Zürich
www.six-swiss-exchange.com

Verlag Finanz und Wirtschaft AG
Hallwylstrasse 71
Postfach
CH-8021 Zürich
www.fuw.ch

Redaktion:
SIX Swiss Exchange
Product & Relationship Management
ETF & other Financial Products
Alain Picard
Gregor Braun
E-Mail: etffinancial@six-group.com

Projekteitung:
SIX Swiss Exchange
Marketing Communications
Ondrej Menousek
E-Mail: marketingcom@six-group.com

Konzept und Gestaltung:
Scholtysik Niederberger Kraft AG, Zürich

ISBN 978-3-906084-89-3
2., aktualisierte Auflage

19.5   Autorenportrait

Alain Picard
Director
Head of Product Sales
ETFs & other Financial Products
SIX Swiss Exchange
Tel: +41 58 854 25 59
E-Mail: alain.picard@six-group.com

Nach achtjähriger Tätigkeit im Bankwesen stösst Alain Picard 2001 als Produktmanager für Aktien, einschliesslich Derivate und ETF, zu SIX Swiss Exchange. In den letzten Jahren konzentriert er sich hauptsächlich auf die Entwicklung und Vermarktung des ETF-Segments. Die Einführung neuer Finanzproduktsegmente liegt ebenfalls in seiner Verantwortung.

Alain Picard hält einen Bachelor in Betriebswirtschaft sowie einen Master of Advanced Studies (MAS) in Private Banking & Wealth Management von Schweizer Fachhochschulen.

Gregor Braun
Head of Member Acquisition
SIX Swiss Exchange
Tel: +41 58 854 24 60
E-Mail: gregor.braun@six-group.com

Nach mehrjährigem Engagement bei einem Schweizer Online-Broker war Gregor Braun von 2007 bis 2009 bei SIX Swiss Exchange als Produkt- und Relationship Manager für das ETF-Segment tätig. Während dieser Zeit war er zudem für fachliche Aufklärung von Privatinvestoren zuständig, was u.a. auch zur Initiierung dieses Fachbuchs führte.

Seit 2010 widmet sich Gregor Braun vollumfänglich der Gewinnung neuer Handelsteilnehmer – einem neuen Aufgabenfeld innerhalb von SIX Swiss Exchange.

Gregor Braun hält einen BBA in International Management von der Hochschule Karlsruhe, Deutschland.

Exchange Traded Funds

Produkteübersicht (Stand: März 2010)

Long Produkte

			Produktname	Handels-währung	Valor	Bloomberg	Reuters	Basiswert	Market Maker
Aktien – Länder	Europa	Schweiz	db x-trackers SLI ETF	CHF	3 613 620	XSLI SW	XSLI.S	SLI Swiss Leader Index	DB
			UBS-ETF SLI	CHF	3 291 273	SLICHA SW	SLICHA.S	SLI Swiss Leader Index	CB; TH; UBS
			XMTCH (CH) on SLI	CHF	3 176 893	XMSLI SW	XMSLI.S	SLI Swiss Leader Index	CS; TH
			ComStage ETF SMI	CHF	4 878 600	CBSMI SW	CBSSMI.S	SMI Swiss Market Index	CB
			db x-trackers SMI ETF	CHF	2 825 604	XSMI SW	XSMI.S	SMI Swiss Market Index	DB
			iShares SMI (DE)	CHF	1 210 415	SMIEX SW	SSMIEX.S	SMI Swiss Market Index	TH; UC
			UBS-ETF SMI	CHF	1 714 271	SMICHA SW	SMICHA.S	SMI Swiss Market Index	CB; TH; UBS
			XMTCH (CH) on SMI	CHF	889 976	XMSMI SW	XMSMI.S	SMI Swiss Market Index	CS; MS; TH
		Deutschland	ComStage ETF DAX TR	CHF	4 561 632	CBDAX SW	CBGDAXI.S	DAX	CB
			db x-trackers DAX ETF	CHF	2 825 575	XDAX SW	XDAX.S	DAX	DB
			Lyxor ETF DAX	EUR	2 532 201	LYDAX SW	LYDAX.S	DAX	SG; TH
		Grossbritannien	UBS-ETF FTSE 100	CHF	1 272 999	100CHA SW	100CHA.S	FTSE 100	CB; TH; UBS
				GBP	1 272 999	100GBA SW	100GBA.S	FTSE 100	CB; TH; UBS
			Xmtch (IE) on FTSE 100	GBP	10 737 489	XMUKX SW	XMUKX.S	FTSE 100	CS
			Xmtch (IE) on MSCI UK	GBP	10 737 561	XMUK SW	XMUK.S	MSCI UK	CS
		Italien	Xmtch (IE) on FTSE MIB	EUR	10 737 596	XMMIB SW	XMMIB.S	FTSE/MIB	CS
			db x-trackers FTSE MIB ETF	CHF	2 825 593	XMIB SW	XMIB.S	FTSE/MIB Index	DB
		Österreich	ComStage ETF ATX	CHF	4 878 674	CBATX SW	CBATX.S	ATX Index	CB
		Russland	Market Access DAXGlobal Russia Index Fund	USD	2 874 616	MDRI SW	MDRI.S	DAXGlobal Russia Index	RBS
			Lyxor ETF Russia	USD	2 586 861	LYRUS SW	LYRUS.S	DJ RusIndex Titans 10 USD	SG
			ComStage ETF MSCI Russia 30% Capped TRN	CHF	4 878 183	CBMRUC30 SW	CBMINRUC.S	MSCI Russia 30% Capped	CB
		Türkei	Lyxor ETF Turkey (DJ Turkey Titan 20)	EUR	2 578 650	LYTUR SW	LYTUR.S	DJ Turkey Titans 20	SG; TH; UC
			Market Access Turkey Titans 20 Index Fund	USD	2 874 596	MDJT SW	MDJT.S	DJ Turkey Titans 20	RBS
			iShares MSCI Turkey	USD	2 778 493	ITKY SW	ITKY.S	MSCI Turkey	SIG; TH; UC
	Afrika	Südafrika	Market Access FTSE/JSE Africa Top 40 Index Fund	USD	2 874 624	MFAI SW	MFAI.S	FTSE/JSE Top 40	RBS
			Lyxor ETF South Africa (FTSE JSE TOP 40)	EUR	3 122 239	LYAFS SW	LYAFSJ.S	FTSE/JSE Top 40	SG; UC
	Amerika	Brasilien	Lyxor ETF Brazil (Ibovespa)	USD	2 843 722	LYRIO SW	LYRIO.S	IBOVESPA	SG
			db x-trackers MSCI Brazil TRN Index ETF	USD	3 067 317	XMBR SW	XMBR.S	MSCI Brazil	DB
			iShares MSCI Brazil	USD	2 308 866	IBZL SW	IBZL.S	MSCI Brazil	SIG
		Kanada	UBS-ETF MSCI Canada A	CAD	10 461 054	CANCDA SW	CANCDA.S	MSCI Canada	CB; UBS
			UBS-ETF MSCI Canada I	CAD	10 461 056	CANCDI SW	CANCDI.S	MSCI Canada	CB; UBS
			Xmtch (IE) on MSCI Canada	CAD	10 737 503	XMCA SW	XMCA.S	MSCI Canada	CS
		USA	ComStage ETF Dow Jones Industrial Average	CHF	4 561 638	CBINDU SW	CBDJI.S	DJ Industrial Average	CB
			Lyxor ETF Dow Jones Industrial Average	EUR	1 239 077	DJE SW	DJE.S	DJ Industrial Average	SG; TH; UC
			Xmtch (IE) on Dow Jones Industrial Average	USD	10 737 611	XMDJIA SW	XMDJIA.S	DJ Industrial Average	CS
			ComStage ETF MSCI USA TRN	CHF	4 878 186	CBNDDUUS SW	CBMINUS.S	MSCI USA	CB
			db x-trackers MSCI USA TRN Index ETF	USD	2 825 453	XMUS SW	XMUS.S	MSCI USA	DB
			Lyxor ETF MSCI USA	USD	2 748 010	LYUSA SW	LYUSA.S	MSCI USA	SG; TH; UC
			UBS-ETF MSCI USA	CHF	1 272 983	USACHA SW	USACHA.S	MSCI USA	CB; TH; UBS
				USD	1 272 983	USAUSA SW	USAUSA.S	MSCI USA	CB; TH; UBS
			UBS-ETF MSCI USA – Class I	USD	10 460 972	USAUSI SW	USAUSI.S	MSCI USA	CB; UBS
			Xmtch (IE) on MSCI USA	USD	10 737 015	XMUSA SW	XMUSA.S	MSCI USA	CS
			ComStage ETF Nasdaq-100	CHF	4 561 643	CBNDX SW	CBNDX.S	NASDAQ 100	CB
			PowerShares EQQQ Fund	USD	1 527 010	EQQQ SW	EQQQ.S	NASDAQ 100	SG; SIG; TH; UC
			Xmtch (IE) on Nasdaq 100	USD	10 737 617	XMNAS SW	XMNAS.S	NASDAQ 100	CS
			iShares S&P 500	USD	1 396 252	IUSA SW	IUSA.S	S&P 500	SIG; TH; UC

Kontakt

Clemens Reuter
Head of Member Relations

T +41 58 854 23 32
F +41 58 854 24 55
clemens.reuter@six-group.com

Alain Picard
Head of Product Sales
ETFs & other Financial Products

T +41 58 854 25 59
F +41 58 854 24 55
alain.picard@six-group.com

Die komplette Auflistung aller an SIX Swiss Exchange gehandelten ETF finden Sie unter folgendem Link:
www.six-swiss-exchange.com/funds/explorer/etf.html

Wünschen Sie in regelmässigen Abständen über den ETF-Markt an der SIX Swiss Exchange informiert zu werden?
Hier können Sie sich online für den Newsletter anmelden:
http://www.six-swiss-exchange.com/about_us/publications/subscription_de.html

SIX Swiss Exchange AG
Selnaustrasse 30   T +41 58 854 54 54
Postfach 1758   F +41 58 854 54 55
CH-8021 Zürich   www.six-swiss-exchange.com